ソーシャルスキル不足から起こる中学生のトラブル

7 Cases

中学生にありがちなトラブルは、ソーシャルスキルが身についていないことが原因かもしれません。そこで7つのケースを取り上げ、関係するソーシャルスキルについて解説します。スキルが上手に使えれば、さまざまなトラブルを減らせることがわかるでしょう。

Case 1 | 言葉の行き違いで孤立してしまう

悪気はないのに、ひと言余計だったり、言葉が足りなかったりして、友だちを傷つけてしまい、仲がぎくしゃくしてしまうトラブル。

正しい言葉を選んで伝えるスキルを指導

　何気ないひと言で相手を傷つけたり、怒らせたりする大きな原因は、言葉の選び方を知らない、意識していないことにあります。まずは、言葉の持つ意味や影響を教える必要があります。そのうえで、**「人を傷つけずに自分の意見を伝えるスキル」**を指導しましょう。また最近では、SNS上で、言葉の食い違いや誤解によるトラブルも増えています。**「SNSで上手にコミュニケーションするスキル」**も中学生に必要不可欠。さらに、重要なのはトラブルが起こったときの対処です。なるべく早く関係が修復できるように、**「友だちに謝るスキル」**を身につけるとよいでしょう。

▶▶ 詳しくは P.32・P.118・P.128・P.148 へ

Case 2 | 授業中うるさい、やる気がない

「静かに!」「手を挙げて」と言っても聴いてくれない。

授業中、おしゃべりや落書きなど、ほかのことに夢中だったり、うわの空だったりして、子どもたちが授業に集中してくれないケース。

授業に集中させるには、まず聴くスキルを指導

　授業中、おしゃべりをしたり、教師の話に無関心だったりする子どもたちには、まず**「聴くスキル」**で、教師や友だちの話をきちんと聴く姿勢が身につくよう指導しましょう。そのうえで、授業に積極的に参加してもらうには、人の話を正しく聞き取る**「理解するスキル」**や、不明点を伝えて理解を深めるための**「質問するスキル」**など、授業内容を理解するためのスキルの指導が必要です。また、子どもたちの積極的な発言を促すには、**「説明するスキル」**で自分の考えを正しく伝える技術のトレーニングが有効です。

▶▶ 詳しくは P.54・P.66・P.88・P.92 へ

Case 3 体育祭の練習をさぼる

クラス一丸となって取り組んでほしいのに……。

体育祭などの行事の準備をさぼったり、ふざけて邪魔をしたりする子どもたちがいて、クラスがまとまらない。

- 体育祭委員
- 放課後、応援合戦の練習をするので教室に残ってください。
- 何でちゃんとしてくれないんだ!!
- 協力しろよ!!
- 早く集まって!!
- また怒ってるよ。
- ○○くんたち、帰っちゃったみたいよ。
- かったりーよな。

協力して計画的に活動するスキルを指導

　体育祭や文化祭といった学校行事では、子どもたちが協力して、主体的に活動することが求められます。しかし、準備や話し合いのじゃまをしたり、さぼったりする子どもたちがいて、クラスがまとまらないという問題がよく起こります。そんなクラスには、人と協力して、計画的に実行するための**「グループで協力して活動するスキル」**を指導しましょう。また、クラスや学年を越えてよい関係を作るための**「人に話しかけるスキル」**や**「頼みごとをするスキル」**、感情を落ち着かせて、相手に思いを伝えるための**「怒りに振り回されないスキル」**なども身につけるとよいでしょう。

▶▶ 詳しくは P.96・P.132・P.136・P.158 へ

Case 4 | 修学旅行の話し合いがまとまらない

修学旅行での自由行動の行き先について話し合うが、意見が出なかったり、自分の意見を押しつけたりして、結論が出ない。

ルールを守って解決策へと導く、話し合うスキルを指導

　中学校では、クラスやグループで話し合う場面が多くあります。そのひとつが、修学旅行の自由行動についての話し合いです。このとき、グループ内で意見が衝突したり、反対にあまり意見が出なかったりして、なかなか計画が決まらないケースもよくあります。そんな事態を避けるために指導すべきなのが、**「ひとつのテーマで話し合うスキル」**です。さらに、主張が強すぎる子どもには**「人を傷つけずに自分の意見を伝えるスキル」**を、要望を口に出せない子どもには**「気持ちを言葉にして伝えるスキル」**が身につく指導を行いましょう。

▶▶ 詳しくは P.100・P.128・P.162 へ

Case 5 | 先輩に振り回される

上級生への注意も必要だが、本人には何と伝えればよい？

本当はいやなのに、先輩からの誘いを断り切れず、部活をさぼったり、夜遅くまで出歩いたり、学校や家庭のルールを破ってしまう。

うまくつき合うために、上手に断るスキルを指導

　中学生になると、部活動や委員会活動などを通して学年の違う先輩や後輩とつき合う機会が増えます。そこでは、先輩の理不尽な要求や、気の進まない誘いに振り回されてしまう子どもも出てきます。そんなトラブルを防ぐために身につけてもらいたいのが**「上手に断るスキル」**です。また、先輩との関係に悩んだときには、ひとりで抱え込まず誰かに相談したり、つらい気持ちを打ち明けたりすることも大切です。そのためには**「気持ちを言葉にして伝えるスキル」「ストレスとうまくつき合うスキル」「身を守るスキル」**の指導が必要です。

▶▶ 詳しくは P.122・P.162・P.166・P.170 へ

Case 6 気持ちを上手に表現できない

思春期の子どもは気持ちが不安定で扱いが難しい。

怒りを抑えきれずに大声を出したり、暴れたり、反対に、気持ちを表に出せず、自分の殻に閉じこもるなど、気持ちを上手に表現できない。

自分の気持ちに気づき、上手に扱うスキルを指導

　思春期は心が不安定になりがちで、突然泣いたり、怒ったり、感情的になりやすくなります。また、周囲の目が気になる時期でもあるので、自分の気持ちを表に出せない子どもも出てきます。そんな中学生の子どもたちにまず、指導しておきたいのが**「自分の気持ちを深く知るスキル」**です。このスキルは、自分の気持ちの変化や複雑さに気づき、それを受け止めるのに必要となります。このほか、**「怒りに振り回されないスキル」**や**「気持ちを言葉にして伝えるスキル」**のトレーニングも不可欠でしょう。

▶▶ 詳しくは P154・P.158・P.162 へ

Case 7 自分の進路が決められない

子どもの意志を尊重しつつアドバイスできることは？

自分の気持ちが定まらなかったり、先生や両親、友だちなど、まわりの意見に惑わされたりして、進路が選択できない。

自分の興味や価値観を知るスキルを指導

　義務教育が終わる中学3年生は、将来を真剣に考える時期で、最終的には自分で進路を決定しなければなりません。ところが、自分の気持ちがはっきりしなかったり、人の意見に左右されたりして、進路をなかなか決められない子どもがいます。そういうことのないよう子どもたちに指導したいのが、自分自身を理解するために必要な**「自分を知るスキル」「気持ちに気づくスキル」**です。さらに、進路についてさまざまな情報を収集し、判断材料にするには**「質問するスキル」**や**「理解するスキル」**などを身につけるとよいでしょう。

▶▶ 詳しくは P.66・P.74・P.78・P.88 へ

自律心を育む！
中学生の生徒が変わるソーシャルスキル指導法

桜美林大学 リベラルアーツ学群 教授 **石黒康夫**
國學院大學栃木短期大学 人間教育学科 准教授 **星 雄一郎**
［著］

起こりがちなトラブルを解決！
授業の流れから進め方、生徒への声かけまで、丁寧に解説。
初めての先生でもすぐ実践できる！

ナツメ社

はじめに

　ここ数年の間に、私たちは、今までにない経験をしました。みなさんもご存知の新型コロナウイルスの流行です。新型コロナウイルスは、子どもたちの生活や学習に大きな打撃を与えました。2020年3月には、全国一斉休校がありました。休校期間は、3月から始まり最長3ヶ月にも及びました。このように長い間学校が休みになることは、戦後の日本ではなかったことです。

　また、学校が開始された後も、時差登校やオンラインによる授業が行われました。授業時間を確保するために、子どもたちが楽しみにしている学校行事の中止や夏休みの短縮もありました。これらのことは、子どもたちから学習の時間を奪っただけでなく、貴重な体験の機会や思い出を作る機会、そして人と直接対面でコミュニケーションを取る時間を奪いました。

　令和3年度の「児童生徒の問題行動・不登校等生徒指導上の諸課題に関する調査結果」（文部科学省）をみると、コロナ禍のため近年若干の減少傾向にあった、暴力発生件数やいじめの認知件数は再び増加に転じていることがわかります。コロナ禍のため、子どもたちが学校に行く機会が減り、直接のコミュニケーション体験が不足していたものが、再び学校で過ごす時間が増えたためと考えられます。

　オンラインではなく、学校に行って生活し学習していると、子どもたちはそこで友だちや教師とさまざまなコミュニケーションを取っています。その一つ一つの体験が積み重なり、人間関係を形成するために必要な力をつけていきます。オンラインでもコミュニケーションを取ることはできますが、言葉のニュ

〈表1〉
暴力行為発生件数の推移

	平成30年	令和元年	令和2年	令和3年
小学校	36,536	43,614	41,056	48,138
中学校	29,320	28,518	21,293	24,450
高等学校	7,084	6,655	3,852	3,853
合計	72,940	78,787	66,201	76,441

〈表2〉
いじめの認知（発生）件数の推移

	平成30年	令和元年	令和2年	令和3年
小学校	425,844	484,545	420,897	500,562
中学校	97,704	106,524	80,877	97,937
高等学校	17,709	18,352	13,126	14,157
合計	541,257	609,421	514,900	612,656

児童生徒の問題行動・不登校等生徒指導上の諸課題に関する調査（令和3年度）

アンスやその場の雰囲気など感じにくいものです。発達段階にある子どもたちにとって、場を共有し共通の体験をする中で互いにコミュニケーションを取り、人間関係の作り方を学んでいくことは大切なことです。

　これからの時代は、多様性の時代といわれています。そして、次世代を担う子どもたちには、自分とは言葉や文化、宗教、価値観などの異なる人々と協働して、よりよく課題を解決していくことが求められています。そうした中で必要なことは、対面でもオンラインでも自分の気持ちを適切に相手に伝えたり、相手の意図を理解したりして、人と協力して一緒に課題を解決していける態度と力です。

　本書では、子どもたちが、自分の感情に気づいて、その感情と上手につき合ったり、他者と適切なコミュニケーションを取ったりする力を育成するための方法としてソーシャル・スキルトレーニング(以下SST)の指導方法を紹介しています。

　本書の特徴は、まず、7つの基本スキルを身につけ、次にそれらを組み合わせて用いることで、応用スキルを学べるようになっていることです。本書では、単にソーシャルスキルの練習をするのではなく、応用スキルは、どの基本スキルを組み合わせればできるかを、子どもたちに考えさせます。最終的には、子どもたちが、既習のスキルを組み合わせることで、初めて出会う場面でも自分で考え、判断し、適切な行動ができる力を身につけられる構成になっています。つまり、本書はSSTを学ぶことを通して、子どもたちが自分の言動を振り返り、その場の状況に応じた言動がとれる力(自己指導能力)を身につけることをねらいにしています。

　本書を利用する際、まずは基本スキルから指導することをおすすめします。その後は学級や学年の必要に応じて、あるいは、学校行事などに合わせて応用スキルを指導するとよいでしょう。可能であれば、学級単位で行うよりも、学年全体、学校全体で指導していくとより一層効果があります。

　子どもたちが本書を通してソーシャルスキルを学ぶことで、自己指導能力を身につけ、互いに認め合い尊重し合いながら楽しい学校生活が過ごせることを願っています。

桜美林大学 リベラルアーツ学群 教授
石黒　康夫

この本の特色と使い方

この本では、第1章でソーシャルスキルトレーニングの意義、第2章で実際の授業の進め方とそこで使うワークシートの解説、第3章でソーシャルスキルを定着させる授業展開について紹介しています。

授業実践編　展開ページ

基本スキルのページ

- 学習する学年の目安を表示しています。
- コミュニケーションの基礎となり、中学生にまず身につけてほしいスキルを「基本スキル」とし、その基本スキルを組み合わせた、より高度なスキルを「応用スキル」として紹介しています。
- スキルの概要や授業のねらいを示しています。
- 授業を進めるときの時間配分を目安として表示しています。
- 授業の導入として生徒への声かけの具体的な例を挙げています。
- 授業を4つのプロセスにわけ、教師が毎回の流れをつかみやすいように示しています。

- 授業で学ぶスキルに色をつけています。

7つの基本スキル
学習の時期　1年　2年　3年

1 「聴く」スキル

「聴く」ことは、コミュニケーションの基本となる行動です。相手が心地よく話せるように、ポイントを意識して話を聴く態度を身につけていきましょう。

育つスキル（スキルマップ）
ワークシート 1 を使用

5分　ウォーミングアップ（授業の導入）

1. 授業の心得・ソーシャルスキルベーシックルール（P.31参照）を確認する。
2. 生徒に問題提起をし、教師の体験談を紹介したり、生徒に発表してもらったりする。

先生：友だちと話していて、勘違いや言葉の行き違いで、気まずくなった経験はありませんか？

3. 授業のテーマを伝える。

先生：人とうまくコミュニケーションを取るには、相手の話をよく聴くことが大切ですね。今日は「聴くスキル」を勉強します。

アドバイス
相手の話をうわの空で聴いていて白けた雰囲気になったり、誤解を生みトラブルになったりした教師の経験を話す。

10分　1 インストラクション（目的を伝える）

1. ワークシート 1 を配る。
2. ワーク1　話を聴くときは、どのような態度が適切か考え、ワークシートに記入する。何人かの生徒に発表してもらう。
3. 生徒の意見をまとめながら、聴くスキルのポイントを黒板に提示し、説明する。生徒はそれをワークシートに記入する。

- 相手に体を向ける
- 相手の目を見る
- うなずく、相づちを打つ
- 最後まで話を聴く

アドバイス
「自分が話しているとき、どんなふうに聴いてもらえたらうれしい？」などと質問し、聴くスキルのポイントに気づかせる。

応用スキルのページ

> 20個の「応用スキル」は4つの分野「集団生活に必要なスキル」「相手の気持ちに寄り添うスキル」「自分の気持ちを伝えるスキル」「感情を扱うスキル」にわかれています。

応用スキル 相手の気持ちに寄り添うスキル　学習の時期 1年 **2年** 3年　必要なスキル

14 「友だちを励ます・元気づける」スキル

うまく言葉にできなくても、気持ちに寄りそうだけで、他人を元気づけられることを教えます。友だちとの信頼関係を築いていくために必要なスキルです。

ワークシート 14 を使用

> このスキルに必要な基本スキルに色をつけています。

※クラスの状況に合わせて、生徒たちに基本スキルが足りなければ、その基本スキルから授業に取り入れるとよいでしょう。

---

❹ 今日の授業のゴールを伝える。

先生：今日のゴールは、「耳と目と心を使って人の話を聴けるようになる」ことです。

> 1回の授業で身につけたいことを「授業のゴール」として毎回生徒に提示できるよう、教師のコメントとして紹介しています。

2章 授業実践編　基本スキル ① 「聴く」

10〜15分 ❷ モデリング（手本を見せる）

❶ ワーク2 下記のイラストの場面を教師または生徒で演じてみせる。
＜場面＞最近見た映画がおもしろかったので、そのことを友だちに聴いてもらう。

A　目を合わさない、時計を気にして、落ち着きがない様子。

B　相手に体を向け、目を見ている。相づちを打っている。

❷ それぞれの例を見て気がついた点をワークシートに記入する。
❸ 何人かの生徒に発表してもらい、聴くスキルのポイントを再確認する。

アドバイス　聴くスキルがないと、話す相手への印象が悪くなり、コミュニケーションを続けることが難しくなる。よりよい関係作りの秘けつは、聴くスキルにあることを伝える。

> モデリングで教師が手本を見せる際、場面をイメージしやすいようなイラストを入れています。

15分 ❸ リハーサル（練習する）

❶ ワーク3 ペアになり、話をする役と聴く役にわかれて、聴くスキルの練習をする。
❷ 話す役と聴く役を交代する。
❸ 聴き方について自分が意識したところや、相手のよかったところなど、スキルを練習した感想をワークシートに記入する。

アドバイス　聴くスキルのポイントを意識しながら練習するように促す。2役をやってみて、お互いのよかった点や気持ちの変化に気づかせる。

> リハーサルでは、ペアやグループになって活動をします。グループの人数は、どのワークも4〜6人を想定しています。通常の生活班や場合によっては男女別など、クラスの様子を見て行いましょう。

5〜10分 ❹ フィードバック（振り返る）

授業のまとめとして、ワークシートの「振り返り」に記入する。

アドバイス　今日のゴールをもう一度提示し、聴くスキルはコミュニケーションの基本であることを伝える。

> 各プロセスの中で、おさえておきたいポイントや留意点など、教師へのアドバイスを紹介しています。

 次のページでワークシートの解説をします

55

ワークシートの解説ページ

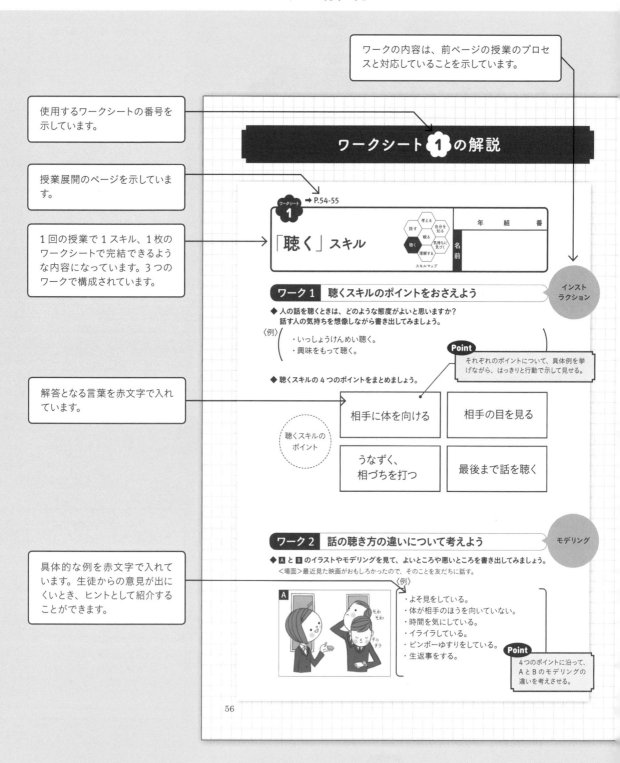

- ワークの内容は、前ページの授業のプロセスと対応していることを示しています。
- 使用するワークシートの番号を示しています。
- 授業展開のページを示しています。
- 1回の授業で1スキル、1枚のワークシートで完結できるような内容になっています。3つのワークで構成されています。
- 解答となる言葉を赤文字で入れています。
- 具体的な例を赤文字で入れています。生徒からの意見が出にくいとき、ヒントとして紹介することができます。

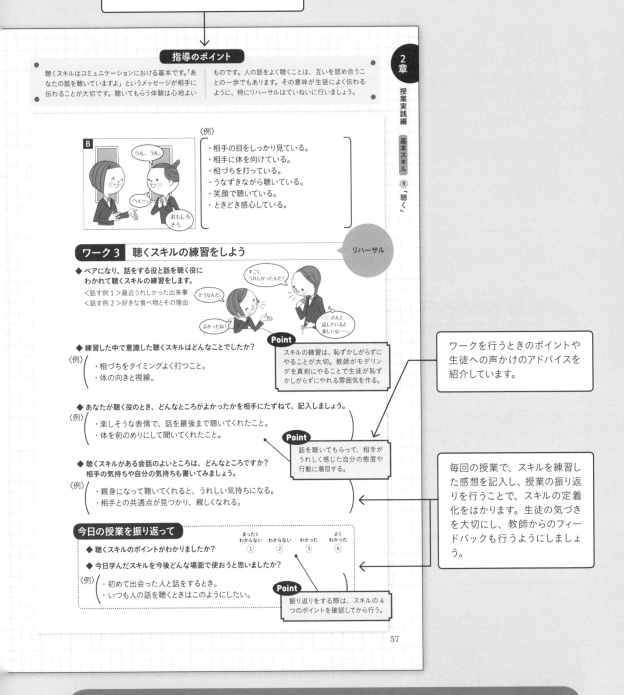

1〜27のワークシートは別冊としてまとめています。
コピーして授業でそのまま使える大きさになっていますので、ぜひ活用してください。

目次

ソーシャルスキル不足から起こる中学生のトラブル 7 Cases

Case1
言葉の行き違いで孤立してしまう ……………… 2
Case2
授業中うるさい、やる気がない ……………… 3
Case3
体育祭の練習をさぼる ……………… 4
Case4
修学旅行の話し合いがまとまらない ……………… 5
Case5
先輩に振り回される ……………… 6
Case6
気持ちを上手に表現できない ……………… 7
Case7
自分の進路が決められない ……………… 8

はじめに ……………………………………… 10
この本の特色と使い方 ……………………… 12

第1章 基礎知識編
知ってスタート　ソーシャルスキルトレーニング

ソーシャルスキルトレーニング入門

「ソーシャルスキル」って何？ ……………………… 20
ソーシャルスキルトレーニングの考え方とは？ ……… 22
なぜ、ソーシャルスキルのトレーニングが必要なの？ …… 24
中学生が身につけたいソーシャルスキルとは？ ……… 26

ソーシャルスキルトレーニングを始めよう

ソーシャルスキルを指導する前にやるべきこと ……… 30
ソーシャルスキルトレーニング4つのプロセス ……… 34
ソーシャルスキルを定着させるための指導法 ……… 38
中学生を指導するときのポイント ……………… 42
授業への取り入れ方と継続するための工夫 ……… 46
ソーシャルスキルトレーニングの指導計画を立てよう … 48

column 知っておきたいキーワード
イラショナル・ビリーフって何？ ……………… 50

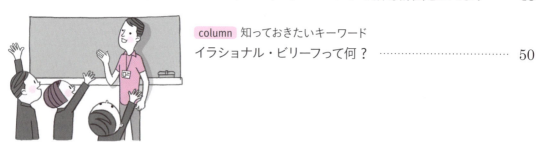

第2章 授業実践編
ソーシャルスキルトレーニング 基本スキル & 応用スキル

中学生のための 7つの基本スキル P.52〜

① 「聴く」スキル …………………………………… 54
　➡ワークシート①の解説
② 「話す」スキル …………………………………… 58
　➡ワークシート②の解説
③ 「観る」スキル …………………………………… 62
　➡ワークシート③の解説
④ 「理解する」スキル ……………………………… 66
　➡ワークシート④の解説
⑤ 「考える」スキル ………………………………… 70
　➡ワークシート⑤の解説
⑥ 「気持ちに気づく」スキル ……………………… 74
　➡ワークシート⑥の解説
⑦ 「自分を知る」スキル …………………………… 78
　➡ワークシート⑦の解説

応用スキル❶ 集団生活に必要なスキル P.82〜

⑧ 「気持ちよいあいさつ・自己紹介をする」スキル …… 84
　➡ワークシート⑧の解説
⑨ 「質問する」スキル ……………………………… 88
　➡ワークシート⑨の解説
⑩ 「説明する」スキル ……………………………… 92
　➡ワークシート⑩の解説
⑪ 「グループで協力して活動（計画・実行・協力）する」スキル … 96
　➡ワークシート⑪の解説
⑫ 「ひとつのテーマで話し合う」スキル ………… 100
　➡ワークシート⑫の解説
⑬ 「他者を尊重する」スキル ……………………… 104
　➡ワークシート⑬の解説

応用スキル❷ 相手の気持ちに寄り添うスキル P.108〜

⑭ 「友だちを励ます・元気づける」スキル ……… 110
　➡ワークシート⑭の解説
⑮ 「友だちの相談にのる」スキル ………………… 114
　➡ワークシート⑮の解説
⑯ 「友だちに謝る」スキル ………………………… 118
　➡ワークシート⑯の解説
⑰ 「上手に断る」スキル …………………………… 122
　➡ワークシート⑰の解説

応用スキル❸
自分の気持ちを伝えるスキル
P.126〜

⑱「人を傷つけずに自分の意見を伝える」スキル ……… 128
　➡ワークシート⑱の解説
⑲「人に話しかける」スキル ………………………………… 132
　➡ワークシート⑲の解説
⑳「頼みごとをする」スキル ………………………………… 136
　➡ワークシート⑳の解説
㉑「他者をほめる」スキル …………………………………… 140
　➡ワークシート㉑の解説
㉒「感謝する」スキル ………………………………………… 144
　➡ワークシート㉒の解説
㉓「SNSで上手にコミュニケーションする」スキル …… 148
　➡ワークシート㉓の解説

応用スキル❹
感情を扱うスキル
P.152〜

㉔「自分の気持ちを深く知る」スキル ……………………… 154
　➡ワークシート㉔の解説
㉕「怒りに振り回されない」スキル ………………………… 158
　➡ワークシート㉕の解説
㉖「気持ちを言葉にして伝える」スキル …………………… 162
　➡ワークシート㉖の解説
㉗「ストレスとうまくつき合う」スキル …………………… 166
　➡ワークシート㉗の解説

`column` プラスαのソーシャルスキル
身を守るスキル ………………………………………………… 170
`column` 実践の現場から
SSTの効果的な授業回数は？ ………………………………… 172

第3章　スキル定着編
ソーシャルスキルを定着させる授業展開

学校生活の中でソーシャルスキルを定着させる ………… 174
中学校でよくあるトラブル別
ソーシャルスキル指導法 ……………………………………… 176
職業ごとに必要とされるソーシャルスキルを学ぶ授業 …… 178
「憧れの人」に近づくために必要な
ソーシャルスキルを学ぶ授業 ………………………………… 180
ソーシャルスキルを分解して理解する授業 ……………… 182

第1章

基礎知識編
知ってスタート ソーシャルスキルトレーニング

ソーシャルスキルトレーニングの意義、中学校で指導することの必要性・メリット、思春期の子どもの心の発達に合わせた指導のポイントなどを解説します。実際の授業を行う前に確認しておきましょう。

ソーシャルスキルトレーニング入門①

「ソーシャルスキル」って何？

ソーシャルスキルという言葉は知っていても、その意味を明確に知らない人は多いのではないでしょうか。そこでまずは、ソーシャルスキルとは何なのか、その概要をおさえておきましょう。

人とよい関係を築くための総合的な技術

ソーシャルスキルとは、「よりよい人間関係を築くために必要な能力や技術」のことで、「社会技能」「社会的スキル」などともいわれます。人間関係に必要な技術といえば、コミュニケーションスキルと考えがちですが、それだけではありません。自分自身の感情をうまくコントロールしたり、課題を解決したりといった、さまざまなスキルが必要になります。つまりソーシャルスキルとは、子どもたちが学校の中で、上手に対人関係や集団生活を営むために必要な能力であり、将来、社会に出たときのためにも身につけておきたいスキルなのです。

例えば、あいさつをしたり、会話をしたりするスキルのほか、自分の感情を上手に表現したりコントロールするスキル、課題に対して話し合うスキル、計画を立てて実行するスキルなどがあります。このようなスキルを身につけるためのコツを学び、状況に応じて使えるようにすることを「ソーシャルスキルトレーニング」といいます。

ソーシャルスキルとは

人とコミュニケーションするスキル　自分を知るスキル　感情を扱うスキル　etc.

よりよい人間関係を作れる

道徳の授業	ソーシャルスキルトレーニング
よりよく生きるための価値観を学ぶ	自分の価値観を実現するための技術を学ぶ

「お年寄りは大切にしよう」という価値観。

「お年寄りは大切にしよう」という価値観のもと、席を譲るなどの行動に必要なスキル。

価値観を学ぶ「道徳」、その方法を学ぶ「ソーシャルスキル」

　ソーシャルスキルトレーニングと道徳の授業は混同されがちですが、この2つの授業のねらいは異なります。

　道徳は、人が自分らしく生きていくための価値観を養う科目です。人に対する礼儀、友情や個性、集団生活のルール、生命や自然といったものをテーマに授業が行われます。例えば、読み物や実際に起こった出来事などを取り上げ、「自分ならどう考えるか」という概念を共有していきます。こうして、生徒一人ひとりの人生観やアイデンティティの形成につながるような、さまざまな価値観にふれていくのです。

　一方、ソーシャルスキルトレーニングは、自分が持つ価値観を実現するためにはどうすればよいか、その実践方法を学ぶものです。例えば、道徳の授業で「お年寄りや体の不自由な人を大切にしよう」という価値観を学んだ生徒が、電車の中で、お年寄りに声をかけて席を譲りたいと思ったとします。このとき「初対面の人に声をかける」スキルが求められます。具体的には、相手の気持ちを察するスキルや観るスキル、話すスキルなどが必要になるでしょう。

　このように、**価値観だけでなく実践的な行動や声かけのコツを学ぶのがソーシャルスキルトレーニング**です。授業では、日常生活によくある場面を想定し、生徒とともに実演しながら、スキルを身につけていきます。

ソーシャルスキルトレーニング入門②
ソーシャルスキルトレーニングの考え方とは？

ソーシャルスキルトレーニングは、今、教育現場を中心にさまざまな現場で活用されています。その指導法は、もともとどのように開発されたのでしょうか。そのベースにある理論と目的について解説します。

ソーシャルスキルトレーニングの始まり

　ソーシャルスキルトレーニングはもともと、アメリカでうつ病や統合失調症などの精神疾患患者の治療法として開発されたものです。精神疾患が原因で社会から離脱した人たちの社会復帰を目的にしたもので、当初は1対1で指導が行われていました。その後、集団でのトレーニングが生まれ、教育現場に導入されるようになりました。

　日本ではまず、神経発達症群（発達障がい）の子どものための教育法として取り入れられました。障がいのある子どもたちに、**あいさつの仕方や謝り方、感情のコントロールといったソーシャルスキルを1対1で教えるように**なったのです。しかし、障がいのある子どもだけにソーシャルスキルトレーニングを行っても、周囲の子どもたちにそれを受け入れるスキルがなければ、うまく人間関係を築くことができません。また最近では、**神経発達症群（発達障がい）でなくても、人間関係を築くのが苦手な子**が目立つようになってきました。障がいがなくても、人とかかわるスキルが不足している子が増えているのではではないか、と考えられています。

障がいのあるなしにかかわらず有効

　そこで現在では、障がいのあるなしにかかわらず、クラス全体、あるいは学校全体で、ソーシャルスキルトレーニングを行うことの大切さが理解されるようになりました。**神経発達症群（発達障がい）の子だけでなく、障がいがない子どもにもソーシャルスキルトレーニングは有効**なことがわかっています。

クラス全体の人間関係がよくなる

障がいのある子にも、ない子にも効果的。

性格や能力に関係なく、効果のあるトレーニング

ソーシャルスキルトレーニングのベースになっている理論のひとつに、**応用行動分析学（ABA）**があります。行動分析学は行動の原理や法則を明らかにする学問で、それを実生活に応用してさまざまな問題を解決しようとするのが応用行動分析学です。現在、神経発達症群（発達障がい）の子どもへの教育のほか、スポーツや健康・医療、企業コンサルティングなど、さまざまな分野で活用されています。

この応用行動分析学では何らかの問題行動があった場合、その原因を性格や能力、やる気などにではなく、行動の過程に見つけ、改善策を立てます。ソーシャルスキルトレーニングも同じで、**人とうまく人間関係が築けないのは、その人の内面に原因があるのではなく、必要なスキルがまだ身についていないからだ**と考えます。つまり、**スキルさえ身につけられれば、誰もがよい人間関係を築ける**ということです。

個人の性格や能力に関係なく、人間関係を築くためのスキルが身につけられる学習法がソーシャルスキルトレーニングなのです。

適切な行動を増やせば、問題行動は減らせる

応用行動分析学では、子どもたちの問題行動をなくしたいとき、「**どうすれば問題行動を減らすことができるか**」ではなく、「**どうすればよい行動を増やすことができるか**」を考えます。

実際、いくら問題行動をやめさせようとしても、何が問題で、どう行動すればよいかがわからなければ、行動を改めることはできません。また、ひとつの問題行動がなくなっても、また別の問題行動が起こる場合もあります。

一方、人が1日24時間の中で、できる行動は限られています。その限られた1日の行動の中で適切な行動を増やせれば、おのずと問題行動は減ります。**ソーシャルスキルトレーニングによって、対人関係や集団生活の中で、状況に合った振る舞い（適切な行動）ができるようになると、問題行動は少なくなる**はずです。

1日の行動の中で、ソーシャルスキルトレーニングを行うことによって適切な行動が増えれば、おのずと問題行動が減る。

ソーシャルスキルトレーニング入門③
なぜ、ソーシャルスキルのトレーニングが必要なの？

ソーシャルスキルトレーニングを取り入れる学校が増えていますが、なぜなのでしょうか。学校で子どもたちにソーシャルスキルを教える必要性とそのメリットについて解説します。

ソーシャルスキルを学ぶ場が失われている

学校教育の中でソーシャルスキルトレーニングが行われるようになり始めたのは1980年代後半ごろからです。だからといって、それ以前の子どもたちに人間関係を作る力がなかったかというと、そうではありません。今と比べて**昔は、生活の中で自然とソーシャルスキルを身につけられる環境がありました。**きょうだいが多い家庭や3世代同居の家庭が珍しくありませんでしたし、近所の人たちとの結びつきも強く、親や先生以外の大人と接したり、年齢の違う子ども同士で遊んだりする機会も多くありました。その中で自然と人とのかかわり方を学ぶことができていたのです。

それが近年では、少子化や核家族化によって、家庭や地域で対人関係を学ぶのが難しくなってきています。また、社会の都市化が進んだ影響で、子どもたちの遊べる場所が少なくなったことや、塾や習いごとに費やす時間が増えたこと、インターネット、SNSが普及したことも、友だちと直接かかわる機会を減らす要因となっています。そのせいか、学校で人とうまくつきあえない子どもが増えているのです。例えば、感情をコントロールできずにキレてしまう子や、自分の気持ちをうまく伝えられずに孤立してしまう子などです。

そういったうまく人間関係を築けない子どもたちのために必要となっているのがソーシャルスキルトレーニングです。**たくさんの人とかかわる機会が減少している今、子どもたちが多様な人とかかわり、対人関係を体験的に学習できるのは学校しかありません。**さらに少子化が進むことを考えれば、学校教育の中でソーシャルスキルを指導する必要性は、今後ますます高まっていくと考えられます。

うまく人とかかわれない子が増えている

すぐキレる

自分の気持ちを伝えられない

さみしい。

ソーシャルスキルを指導する4つのメリット

ソーシャルスキルトレーニングによって集団での振る舞い方や人とのかかわり方などが身につけば、**子どもの問題行動は減り、個々の人間関係がよくなります。** 友だちとの間だけでなく、先生との間の意思疎通もスムースになるでしょう。

子ども一人ひとりが成長すれば、それは当然、クラス全体、あるいは学年や学校全体にもよい影響を与えます。その効果は、人間関係にとどまらず、学力にまで及ぶのです。

①クラス内のトラブルが減る

子ども同士が上手にかかわれるようになって**人間関係のトラブルが減るだけでなく、クラスで何か問題が起こったときでも、自分たちで解決できるようになります。** 例えば「グループで意見がまとまらない」という問題が起こった場合も、「ひとつのテーマで話し合う」スキルで学んだ話し合いのルールを再確認すれば、その先は子どもたちだけで話し合いを進め、解決策を考えられるようになります。

②子どもの自信につながる

ソーシャルスキルトレーニングは適切に指導・訓練すれば、能力や性格に関係なく、誰にでも効果があります。例えば「考える」スキルを学ぶことで、大事な場面でのうっかりミスが減ったり、「自分を知る」スキルを学ぶことで、進路決定の際に迷いがなくなったりと、**今までできなかったことができるようになるので、子どもたちの自信につながります。**

さらに、「発表のとき、説明するスキルを使えていたね。わかりやすかったよ」と、教師ができたことを認めて上手に声をかければ、より大きな自信をつけさせることも可能です。

結果

③学力も上がる

クラスで協力したり、周囲に配慮したりすることができるようになるので、クラスが落ち着き、授業の雰囲気がよくなります。結果、子どもたちが集中して勉強できる環境が整い、**全体的な学力のレベルアップが期待できる**でしょう。

④教師は指導しやすくなる

ソーシャルスキルを学ぶことによって、教師と生徒との間に「このときは、こんな行動や声かけが必要」という共通認識が生まれます。例えば、授業中、私語がうるさければ「聴くスキルを使いましょう」と言うだけで、今、何をすべきかを考えられ、状況に合わせた適切な行動がとれるようになるのです。

ソーシャルスキルトレーニング入門④

中学生が身につけたいソーシャルスキルとは？

ソーシャルスキルトレーニングは、子どもの発達に合わせて内容を選ぶことが大切です。中学生の子どもたちに身につけてほしいスキルについて、本書で取り上げているスキルの内容を含めて解説します。

広がる人間関係や進路決定に対応できるスキルが必要

中学校に進学すると、小学校時代よりも人間関係の幅は大きく広がります。一般的に、複数の小学校から生徒が入学してくるため、初めて顔を合わせる同級生もいますし、部活動や委員会活動などで違うクラスの友だちや、先輩・後輩とかかわることも増えてくるでしょう。また、教科ごとに指導する教員がかわるため、接する大人も増えます。そういった**さまざまな立場の人と新しい人間関係を築くために、中学校時代はソーシャルスキルの必要性が高まる時期**といえます。

また、義務教育の最後の3年間を過ごすこの時期は、教科の学習だけでなく、**将来について考えたり、自分の意志で進路を決めたりする時期であり、いずれ社会に出るための準備期間**でもあります。そこで、人間関係を築くスキルや、人と協力しながら物事を行うスキル、自分自身を知るスキルも学んでおく必要があります。つまり中学生は、広がる学校での人間関係に対応し、今後、将来的に社会に適応するためにも、さまざまなソーシャルスキルを身につけることが大切なのです。

ソーシャルスキルの必要性が高まる中学生

- 新しい同級生と出会う
- 先輩や後輩とのかかわりが増える
- 将来の進路を考える
- 社会に出る準備をする

→ ソーシャルスキルが必要

中学生の心の発達とソーシャルスキル

思春期の真っただ中にある中学生は体と心が急激に成長するときで、そのことも人間関係に大きく影響します。自立心が高まって親や先生から干渉されるのを嫌うようになり、反対に、友だちと一緒に行動することで安心感を得ようとします。そのため、「友だちにどう思われているか」「嫌われていないか」ということをとても気にするのです。そんな中学生の心身の発達に合わせて、特に大切になるのが、以下の3つのスキルです。

● **友人関係に対応するスキル** ●

思春期の子どもたちにとって友だちとの関係は心のバランスを保つために重要なものであり、そこでトラブルが起こると精神的に大きなダメージを受けるということを忘れてはいけません。友人との関係が悪くなると、自己肯定感が下がり、健全な心の発達が難しくなります。そのような場合にも、ソーシャルスキルが有効です。**スキルを学ぶことで、自分の気持ちの伝え方や相手の気持ちの受け取り方を理解でき、友人への励まし方や謝り方**といった具体的な方法もわかるので、トラブルの解決につながるのです。

● **自分の心と体に向き合うスキル** ●

一方で、思春期は第二次性徴に当たり、身長が伸びるだけでなく、大人に向かって性差も出て、体も大きく変化します。その体の変化に心の成長が追いつかず、気持ちが不安定になりやすいのも特徴です。ちょっとしたことでイライラしたり、落ち込んだりすることも少なくありません。

このように、体や心の変化が著しい思春期の中学生は、**自分の気持ちを知り、感情を上手に取り扱うためのソーシャルスキルを身につけることによって、不安な気持ちを解消したり、受け入れたりすることができるように**なります。

● **異性とつき合うスキル** ●

また、中学生は異性への関心が高まる年代でもあります。意識するあまり、異性を避けてしまったり、深い考えもなく、衝動的な行動に走ったりする子どもたちも見受けられます。そんな異性とのつき合いに悩む子どもたちにもソーシャルスキルは役立つでしょう。**性別にかかわらず、他者と自分を尊重しながら、よい関係を築く手助けとなります。**

プラスα
教師も生徒と一緒にスキルを学ぶ姿勢を

ソーシャルスキルは教師と生徒との間で信頼関係を築くためにも必要となります。生徒とのコミュニケーションや学級経営がうまくいかない、苦手と感じている人は、自身のソーシャルスキルを見直してみることをおすすめします。大人になってからでも、正しいやり方を知り、練習すれば必ずスキルは向上します。

例えば、生徒一人ひとりをよく理解するためには、話を引き出す「聴くスキル」や生徒の様子をよく観察する「観るスキル」「気持ちに気づくスキル」などをうまく使わなければなりません。また、わかりやすく伝えるためには、「話すスキル」や「説明するスキル」などが必要になります。

教師のスキルがきちんと身につき、言動がかわれば、生徒の反応にも変化があらわれるでしょう。

人間関係作りに不可欠な7つのスキル

この本では、中学生に身につけてほしい27のソーシャルスキルの指導法を紹介しています。そのうち、まず身につけてほしいのが、「**聴くスキル**」「**話すスキル**」「**観るスキル**」「**理解するスキル**」「**考えるスキル**」「**気持ちに気づくスキル**」「**自分を知るスキル**」の7つのスキルです。本書では、これらを「**基本スキル**」と呼びます。

基本スキルのうち、聴くスキル・話すスキル・観るスキル・気持ちに気づくスキルは、対人関係で必ず必要になるコミュニケーションスキルです。理解するスキルと考えるスキルも、人とのかかわりの中で、その場の状況に合った言葉や行動を選択するために必要なスキルといえます。

一方、自分を知るスキルは、「対他者」ではなく「対自分」のスキルです。また、気持ちに気づくスキルは、他者の感情だけでなく自分の感情を察知するスキルでもあります。相手に合わせるだけでは、よい人間関係は作れません。自分の内面を理解し、上手に取り扱う力も必要となります。

これらの**基本スキル**は、この後で解説する「**応用スキル**」の基礎となるスキルなので、ソーシャルスキルトレーニングの最初に指導するとよいでしょう。

この本で取り上げる7つの「基本スキル」とスキルマップ

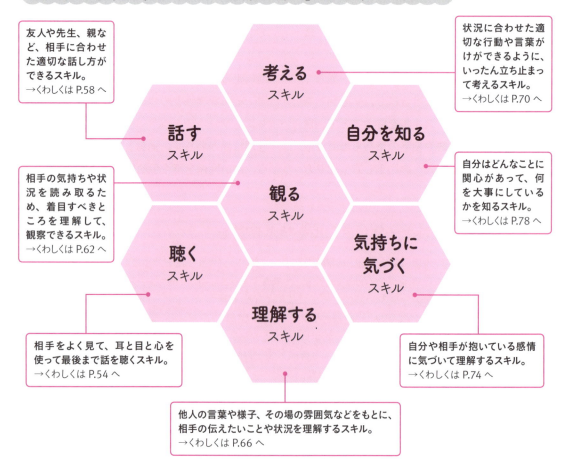

基本スキルを組み合わせれば、応用スキルに

基本スキル以外の20個のスキルは、応用スキルです。**応用スキルはいくつかの基本スキルを組み合わせてできています。**基本スキルに分解して考えられるので、一つひとつのスキルを論理的に理解しやすくなっています。例えば質問するスキルは、聴く・考える・話すスキルを組み合わせてできています。つまり、「相手の話を聴いて、考え、質問をする（話をする）」というように分解できるのです。**応用スキルの構成がわかると、スキル**の再現もしやすくなります。

また、本書で紹介している応用スキルは、①**集団生活に必要なスキル**（P.82～107）、②**相手の気持ちに寄り添うスキル**（P.108～125）、③**自分の気持ちを伝えるスキル**（P.126～151）、④**感情を扱うスキル**（P.152～169）の4つに分類されています。

①は学校生活だけでなく、将来社会に出たときにも役立つようなスキルとなっています。②～④は自分を含め、人の心を大切にするためのスキルで、対人関係を良好なものにし、自身の心の健康を保つためにも役立つスキルです。

応用スキルは基本スキルに分解できる

「友だちの話を聴いて、相手の様子を観察して、相手の気持ちに寄り添って、言葉をかける」というように、聴く・観る・気持ちに気づく・話すという4つのスキルが必要になります。

「自分を理解したうえで、自分の気持ちに気づき、どう言葉にすればよいかを考え、話す」というように、自分を知る・気持ちに気づく・考える・話すという4つのスキルが必要になります。

ソーシャルスキルトレーニングを始めよう①

ソーシャルスキルを指導する前にやるべきこと

ソーシャルスキルの授業を始めるとき、まずやっておくべき3つのことがあります。子どもたちの意欲を高め、きちんとスキルを身につけてもらうために必要なことですので、しっかりおさえておきましょう。

①ソーシャルスキルを学ぶ意味を理解してもらう

　ソーシャルスキルトレーニングを始めるに当たって、まず行ってほしいのは、**子どもに授業の目的をきちんと伝えることです**。どのような学習でも、子どもたちに「やってみたい」「理解したい」という意欲がなければ、知識やスキルは身につきません。特に「自立したい」という欲求が強い思春期の中学生に対しては、強制的にやらせようとしても、やる気を損なうだけでしょう。意欲を持ってトレーニングに取り組んでもらうためには、ソーシャルスキルとは何かはもちろん、**身につけるとどんなよいことがあるのか**を説明する必要があります。

　そのとき、教師がただ学習するメリットを挙げていくのではなく、**できるだけ興味を持ってもらえるように、子どもたちに考えさせたり、例を出して説明したりすることが大切**です。例えば、「友だちとケンカしたとき、どんな行動や声かけをしたらよいか」といった身近な問題を考えさせ、そこから、「気持ちに気づくスキル」「謝るスキル」といったスキルが必要であることを説明します。反対に「○○のスキルがあったら、どんないいことがありますか？」という問いかけをするのもよいでしょう。**ソーシャルスキルを学ぶ必要性に納得できているかどうかで、授業へ臨む姿勢はまったくかわります**。納得できた子どもは「人とうまく話せるようになりたい」「仲のよい友だちを作りたい」といった目的意識を持って、前向きに授業に臨めるでしょう。

スキルのメリットをきちんと伝える

②最初に「ソーシャルスキルベーシックルール」を決める

ソーシャルスキルトレーニングは、実際の場面を想定して、実演しながらスキルを身につけていく指導法です（→P.34）。そのため、恥ずかしさや照れから反抗的な態度をとったり、周囲の目を気にするあまり、授業に積極的に参加できなかったりする子も出てきます。友だちをからかう子もいるかもしれません。

そういったトラブルを未然に防ぐためには、最初に、**授業のルールを作っておくこと**をおすすめします。**授業の心得として「ソーシャルスキルベーシックルール」を作り、授業中、どのように振る舞ってほしいかを言語化しておくのです。**その際、できれば「〜しない」という否定的な表現ではなく、「〜する」という肯定的な表現のほうがよいでしょう。「人の嫌がることをしない」「冷やかさない」といった否定的表現をすると、やってはいけない行動に注目してしまうからです。

下記にソーシャルスキルベーシックルールの例を紹介します。あまり具体的な行動を示してしまうと、「それだけ守ればよい」という印象を与えてしまうので、一般的な理念にしています。より**具体的な行動については子どもたちに考えてもらったり、教師が言葉でフォローしたりするとよいでしょう。**これを参考にして、それぞれのクラスや学年に合ったルールを作ってください。

また、時間があれば、**子どもたちにルールを考えてもらうのもおすすめです。**例えば、「話している人の目を見よう」「ふわふわ言葉で話そう」「友だちのよいところを見つけよう」「自分の考えを言葉にしてみよう」など、自分たちで作ったルールのほうが、頭に残りますし、守ろうという意識を持つでしょう。

‖ ソーシャルスキルベーシックルール ‖

①自分と同じように人を大切にする。
②話し合いを大切にする。
③素直に振る舞う。
④全員で協力する。
⑤積極的に練習する。

ポイント❶ 「〜する」のような肯定的な表現で

ポイント❷ 具体的な行動は言葉でフォロー

ポイント❸ 生徒にルールを考えさせるのもおすすめ

人の話は最後まで聴く。
決まったことは守る。
恥ずかしがらずにやる。
まず、みんなでルールを決めましょう。

1章 基礎知識編 ソーシャルスキルトレーニングを始めよう

③言葉の大切さを伝えよう

ソーシャルスキルを身につけるうえで、言葉はとても重要です。**言葉ひとつで、相手を元気にすることもできますし、反対に、傷つけてしまうこともある**からです。そのことをまず、子どもたちと確認しましょう。

そのとき、子どもたちと共有するとよいのが「ふわふわ言葉」と「ちくちく言葉」です。「ふわふわ言葉」とは、人を元気にするやさしい言葉のことで、「ちくちく言葉」は人の心を傷つける言葉を指します。ソーシャルスキルトレーニングを行う前に、できれば、子どもたち自身に、どんな「ふわふわ言葉」「ちくちく言葉」があるのか、考えさせるとよいでしょう。そのうえで、普段、自分たちがどんな言葉を使っているのかをあらためて振り返ることが大切です。

ふわふわ言葉とちくちく言葉を集めよう

子どもたちが思いついた「ふわふわ言葉」「ちくちく言葉」を書いてはれるスペースを教室内に作っておくのもひとつの方法です。

例えば、「うざい」「ムカつく」といった言葉を日常的に使っている子どもは少なくないですが、これも「ちくちく言葉」です。「自分が言われたらどう思う？」「別の言い方はできないかな？」と問いかけたりしながら、普段何気なく口にしている言葉が、言う相手やその言い方によっては人を傷つけてしまう場合があることに気づかせましょう。

そのうえで、子どもたちには「ふわふわ言葉」を意識的に使うような働きかけを。ふわふわ言葉を教室にはり、視覚的に印象づけるのも効果的です。P.23で説明した問題行動を減らす方法と同じで、**「ふわふわ言葉」を増やせば、おのずと「ちくちく言葉」は減って**いきます。

その場合、**教師も自分が使う言葉に責任を持たなければいけません。**教師が人を傷つけるような言葉を使っていれば、それは子どもたちに伝染します。子どもたちにかける言葉をあらためて見直してみてください。

教師も自分の言葉を見直してみよう

〈子どもを傷つける言葉の例〉
「またおまえか」
「〇〇さんを見習いなさい」
「どうしてできないの？」
「今忙しいから！」
「だからおまえはダメなんだ」

ふわふわ言葉とちくちく言葉の例

1章 基礎知識編 ソーシャルスキルトレーニングを始めよう

ふわふわ言葉

感謝の言葉
- ありがとう
- 感謝しているよ
- 助かったよ
- うれしいな
- ○○さんのおかげだよ
- やってくれたこと、忘れないよ

ほめる言葉
- 上手だね
- すてきだね
- さすがだね
- 頼りになるね
- すごいね
- 今度、教えて
- ナイス
- がんばってるね

励ます言葉
- 応援しているよ
- ドンマイ
- 元気出してね
- 一緒にがんばろうね
- その調子だよ
- 大丈夫だよ
- ファイト
- 次はできるよ

認める言葉
- 楽しいね
- よかったね
- やったね
- いいぞ
- 仲間だよね
- 友だちだよね
- 最高だね
- ○○さんがいてくれてよかった
- かわいいね
- かっこいいね

（イラスト：「いつもありがとう♥」）

ちくちく言葉

傷つける言葉
- バカ
- きもい
- うざい
- ムカつく
- 意味わかんない
- 役立たず
- 黙ってろ
- やばくない？
- ありえない
- 視界に入るな
- しょぼい
- 終わってる

体や容姿に関する言葉
- デブ
- ブス、ぶさいく
- 汚い
- くさい
- ばい菌
- ガリガリ
- へんな顔
- ヘンな髪型
- ちび
- でかい

性格や体の動きに関する言葉
- のろま
- グズ
- まぬけ
- 暗い
- うるさい
- つまんない

命に関する言葉
- 死ね
- 消えろ
- この世からいなくなれ
- 地獄に落ちろ
- 殺すぞ
- ぶっつぶす
- おまえなんかじゃま

（イラスト：「うざい！」）

ソーシャルスキルトレーニングを始めよう②

ソーシャルスキルトレーニング 4つのプロセス

ソーシャルスキルトレーニングは基本的に、インストラクション、モデリング、リハーサル、フィードバックという4つの工程で構成されています。それぞれの役割を知って、授業の流れをおさえておきましょう。

①インストラクション〈目的を伝える〉

どんなスキルについて学ぶのか、**トレーニングの内容や目的を説明します**。このとき、ただ教師が**一方的に説明するのではなく、具体例を挙げたり、子どもたちの意見を聞いたりして、興味を持ってもらうことが重要**です。例えば、そのスキルがないことで友だち関係にどんな困ったことが起こるのか、あるいはスキルがあればどんなよいことがあるのか考えてもらい、スキルの必要性を理解してもらうとよいでしょう。トレーニングのスタートですので、**ここでいかに子どもたちのモチベーションを高められるかが重要**です。

トレーニングの内容・目的を説明

②モデリング〈手本を見せる〉

教師がよい例（スキルが使えている例）、悪い例（スキルが使えていない例）を実演して手本を見せます。ここで重要なのは、**教師が本気で演じること**です。本気で演じれば、授業に対する関心度がアップして盛り上がりますし、反対に、適当に演じてしまうとしらけてしまいます。相手役として子どもに協力してもらうのもよいでしょう。より、子どもの関心を引くことができます。

また、子どもたちが理解しやすいよう、手本にする例は、**友人関係や部活動、行事など、身近なテーマと場面にすることも大切**です。

教師がよい例や悪い例の手本を見せる

プラスα ウォーミングアップと終わった後の定着化も大切

ソーシャルスキルを指導する際は、いきなりインストラクションに入るのではなく、まず、「ウォーミングアップ」（→ P.36）を行うのがベスト。これは、子どもたちの緊張をほぐして、クラスの雰囲気を和ませるのが目的です。例えば、授業のルール（ソーシャルスキルベーシックルール）を確認したら、「皆さんは、メールを送るとき、ついうっかり宛先を間違えたことはありませんか？」と子どもたちの興味を引き、なおかつその日取り上げるスキルに関係するような話題を振ったり、ちょっとした問題を出したりします。

また、重要なのは、授業が終わった後です。一度授業を行っただけでは、ソーシャルスキルは身につきません。日常生活の中で繰り返し活用して、初めてスキルが定着します。その具体的な方法については P.38 ～ 39 や第3章（P.173 ～ 183）を参考にしてください。

③リハーサル〈練習する〉

子どもたちが行う、スキルの実践練習です。いろいろな練習法がありますが、最もよく用いられる方法が、ロールプレイ（役割実演）です。子どもたちにとって身近な場面を想定し、ソーシャルスキルを実演する人と、相手役の2人ひと組、あるいはグループで、スキルの練習をしてもらうのです。**できるだけ時間をとって、役を交代して練習させる**ことが大切です。

練習の後は、実際にスキルを使って練習した感想や意見を聞き、スキルを実践するうえでのポイントをまとめます。

④フィードバック〈振り返る〉

その日のトレーニングを振り返って、**子どもたちに自己評価をさせたり、感想を確認したりします**。この本のワークシートには、最後に「今日の授業を振り返って」の欄を設けているので、子どもたちに、その日のトレーニングでスキルがどのくらい身についたかや授業を受けた感想を書き込むように指示します。授業の後にワークシートを集めたら、子どもたちの感想をチェックし、それぞれにコメントを書いて返却するようにしましょう。

実際の場面を想定した実践練習

その日のトレーニングを振り返る

授業の進め方の例

基本スキルの「聴くスキル（→ P.54）」を例に、具体的な授業のプロセスを確認してみましょう。

5分　ウォーミングアップ ▶ 授業の導入

授業を進めるうえで生徒たちに守ってほしい心得（ソーシャルスキルベーシックルール→ P.31）を確認します。
また、人と上手にコミュニケーションするには、「聴くスキル」が大切であることを、教師や生徒の体験談を例にして伝えます。

Point ソーシャルスキルトレーニングを始めるにあたって、生徒をリラックスさせて、ディスカッションや実践練習がしやすい雰囲気を作ります。

5分　1 インストラクション ▶ 授業の目的を伝える

ワークシートを配布し、生徒の意見を聞きながら、聴くスキルとはどんなスキルなのか、そのポイントを整理します。そのうえで、聴くスキルをトレーニングする目的（ゴール）を説明します。

Point まずは、その日、どんなソーシャルスキルを学ぶのか、どういう行動を身につけてほしいのか、授業の目的を具体的に説明します。自分たちのやるべきことが明確になると、授業に臨む姿勢も前向きにかわります。

10～15分　2 モデリング ▶ 手本を見せる

聴くスキルをうまく使えている例、使えていない例をそれぞれ教師または生徒が演じてみせます。そのうえで、それぞれの例のよい点、悪い点など気づいたところをワークシートに記入し、聴くスキルのポイントを再確認します。

Point ソーシャルスキルをどのように活用するのか見本を示し、生徒たちにスキルを身につける大切さを理解させましょう。ここで生徒たちの興味を引きつけられると、リハーサルでの実践練習を前向きに取り組むことができます。

15分 ③ リハーサル ▶ 練習する

生徒同士ペアになって、話をする役・聴く役にわかれて聴くスキルの練習をします。話をする役・聴く役は交代で行いましょう。練習後は、実際にスキルを使ってみた感想などをワークシートに記入します。

> **Point**
> インストラクションやモデリングで説明・確認したスキルのポイントを意識して練習するように声をかけましょう。また練習の相手役を務めるときは、「他人がソーシャルスキルを使うと、どう感じるか」に意識を向けさせることも大切です。

5〜10分 ④ フィードバック ▶ 振り返る

生徒にその日の授業を振り返ってもらい、授業の感想のほか、学んだスキルを今後、どのように日常生活で活用していきたいかをワークシートに記入します。

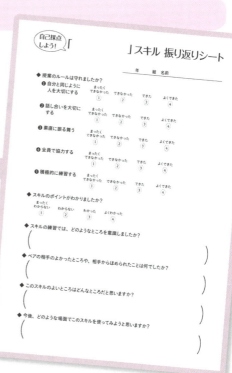

> **Point**
> 本書では、ワークシートの最後に「今日の授業を振り返って」というスペースを設けていますが、それとは別に「振り返りシート」を用意するのもよいでしょう。その場合、「授業のルールが守れたか」「スキルの練習がうまくできたか」といった自己採点のほか、どういう点を意識して練習したか、自分でよくできたと思ったところやできなかったところなどを記入する項目を設けるとよいでしょう。

授業後は……

日常生活で「実践練習」ができるような働きかけを

ソーシャルスキルトレーニング後は、学習したスキルを日常生活で活用できるような取り組みが必要です。例えば、生徒に対して「○○のスキルを使おう」と促したり、スキルの応用方法を示したりするとよいでしょう。

生活の中で意識的にソーシャルスキルを使うことで、それが実践練習となり、適切な場面で自然にスキルが使えるようになります。

> スキルの活用方法は P.38〜41や、3章（P.173〜P.183）を参考に。

ソーシャルスキルトレーニングを始めよう③

ソーシャルスキルを定着させるための指導法

ソーシャルスキルは、一度トレーニングを行っただけでは身につきません。授業以外の取り組みが大切です。子どもたちにスキルを定着させるためにどんなことをすればよいか、具体的な指導のコツを紹介します。

スキルを定着させるには「授業後」が大事

　ソーシャルスキル指導の目的は、**日常生活でも自然にスキルが使えるように「定着化」させる**ことです。そのために、生活の中での繰り返し練習が必要になります。例えば、委員会活動で話し合いのスキルを使う、友だちとトラブルになりそうなときに考えるスキル（STOP & THINK）や怒りに振り回されないスキルを使うなど、授業以外でも、子どもたちがソーシャルスキルを活用するように促しましょう。その結果、「習ったスキルが使えた」「役に立った」という成功体験を積み重ねていきます。それがさらなる学習の動機づけとなり、状況に合わせてスキルを選択し、活用できるようになるでしょう。

①ソーシャルスキルを使いたくなる環境を作る

　日常生活でのソーシャルスキルの活用を促すには、まず、生徒に「授業で習ったスキルを使ってみよう」という気持ちを持ってもらうことが大切です。

　例えば、授業中や学年集会の話を聴く場面で「ここで聴くスキルを使いましょう」と、教師が意識的に「○○スキル」という言葉を使い、それを使うタイミングを教えます。また、校外学習や体育祭などの行事の前に、そのために必要なスキルの授業を事前指導の中に取り入れ、当日までに生徒が学んだスキルを継続して使える環境を作ることも効果的です。対人関係で悩みのある生徒に対して「正直な気持ちを話してみたら」と個別にアドバイスするのもよいでしょう。

　スキルを活用できた生徒に対しては「観るスキルをうまく使っていたね」などと、ほめることも大切です。ソーシャルスキルを使うことが当たり前の雰囲気を教師が積極的に作っていきましょう（→P.40）。

②スキルを使う機会を増やす

スキルの定着化のためには、生徒たちの「スキルを使いたい」という気持ちを育てるとともに、**スキルを活用する場を増やす働きかけも必要**です。例えば、授業で取り上げたスキルの説明や活用法を書いた紙を教室に掲示したり、スキルを使うごとにシールをはる「チャレンジシート」（下図参照）を作ったり、学級委員や生徒会が中心となった「あいさつ運動」などの強化期間を設けたりするのもよいでしょう。そのほか、第3章（P.173～P.183）でも定着化に役立つ方法を紹介しています。

そのとき、**さらにスキルの定着化を進めるために必要なのが、教師からの評価や意見**（→P.40）です。生活の中でスキルを活用できた子どもに対して、**言葉にしてほめることが大切**です。また、場合によっては「次はもっとこうしてみたら？」「まわりの友だちにも教えてあげて」といったアドバイスをしてもよいでしょう。そうすることで、ソーシャルスキルについての理解が深まり、「また使ってみよう」という気持ちが育ちます。

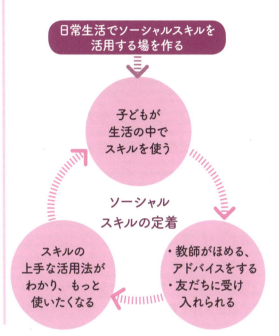

スキルを定着させるには

強化期間を設ける

授業でソーシャルスキルトレーニングを行った後、「習ったスキルを1週間使ってみよう」などと強化期間を設ける方法も効果的です。その際、「1日に〇回使う」「1日に〇個のスキルを使う」などの具体的な目標を立てておくとよいでしょう。少しがんばると達成できそうな目標にすると、子どもたちの意欲が高まります。

また、スキルを使うごとにシールをはる「チャレンジシート」などを配布して、積み重ねや達成感を感じられる工夫をするのも大切です。

チャレンジシートの例

③スキルを伸ばす働きかけをする

生徒の学習を促進するためには、教師による働きかけが重要なのはいうまでもないでしょう。ソーシャルスキルの授業や普段の学校生活の中で、学習したスキルが適切に発揮されるためには、教師による働きかけは必要不可欠です。そのとき心がけるべきなのが、**生徒の変化や成長に応じた声かけや指導を行う**ことです。ソーシャルスキルトレーニングを**始めた直後と定着し始めたころでは、生徒への働きかけもかわってきます**。生徒がどのように変化し、どの時期に、どのような働きかけが必要なのかをおさえておきましょう。

スキルを伸ばす働きかけ｜ソーシャルスキルトレーニングを始めた直後

生徒の言動を見逃さずほめる声かけや指導を

授業で習ったスキルを生活の中で使うことができたとき、重要なのはそれに対する教師の反応です。特に**ほめることは、生徒のやる気や自信を育てます**。例えば、孤立しがちな友だちに声をかけていた生徒に対して、「昨日、○○さんと一緒に帰ったの？ みんなが仲よくなれてクラスの雰囲気がよくなったね」と、その行動を見逃さずに声をかけ、認めてあげましょう。また、生徒と教師の信頼関係があれば、教師がほほ笑んだり、視線を合わせたりするだけでも、生徒にとっては肯定的な反応になります。

こういった**肯定的なフィードバックは、生徒がスキルを使った直後に与える**のがベストです。人は行動した直後に肯定的な反応があると、その行動が増えていくものです。特に、新しいスキルを学習した直後は、生徒がそのスキルを使うたびに、「前向きな意見が言えていたね」「先週の学年レクは、協力して活動できていたから大成功だったね！」などと**可能な限りほめてあげるようにしましょう**。

プラスα　保護者への情報提供も積極的に

学校以外の場所でもソーシャルスキルが使えるようになるためには、保護者との連携も必要です。スキルがなぜ必要なのか、どんな学習をしているのかなど、保護者会や手紙で情報提供を行いましょう。家族でソーシャルスキルについて話す機会を設けたり、意識して使っていくことも大事なことです。

ソーシャルスキルの学習が定着し始めた後

スキルを伸ばす働きかけ

生徒同士でよい影響を与え合えるように声かけは減らしていく

子どもたちがソーシャルスキルの授業に慣れ、スキルが身についていくにつれて、教師の**フィードバックの回数を徐々に減らしていく**ことが大切です。なぜなら、完璧ではないもののスキルが使えるようになれば、次第に**コミュニケーションをしている相手から肯定的なフィードバックがもらえるようになる**からです。

例えば「気持ちよくあいさつをするスキルと話すスキルを使ったら、クラスの子と話ができるようになった」「クラスのみんながグループで協力して活動するスキルを意識したら、クラスの雰囲気がよくなった」などです。こういった**相手からのよい反応**が、「もっとソーシャルスキルを使ってみよう」という子どもたちのモチベーションアップにつながります。

クラス全体をスキルが発揮しやすい雰囲気に

以上のように、生徒同士がソーシャルスキルを使えるようになったら、教師からのかかわりを減らしていきます。とはいっても、教師からの働きかけがまったくなくてよいというわけではありません。**個別の働きかけから集団への働きかけへ**、つまり、生徒が「スキルを発揮しやすいクラスの雰囲気作り」に取り組む必要があります。

例えば、「みんなが笑顔でひとつになるクラス」という学級目標を持つクラスなら、普段の生活の中やクラス全体で取り組む行事の際に、学んだスキルを使いながら、前向きに楽しむ生徒の姿勢を教師が認めていくことです。そのような教師の働きかけにより、次第にクラス全体がソーシャルスキルを使いやすい環境へ整っていきます。

このように、スキルを伸ばすための働きかけは、学習の段階によって変化します。**学習を始めた直後の「できなかったことができるようになった段階」から、スキルが定着し始めたころの「できなかったことができるようになり、さらに日常的になった段階」の生徒の変化を見逃さないことが重要**です。

ソーシャルスキルトレーニングを始めよう④

中学生を指導するときのポイント

ソーシャルスキルトレーニングを行うときは、
子どもたちが意欲的に取り組めるよう声かけや環境作りの工夫を。
中学生の心の発達に合わせたポイントをおさえておきましょう。

Point 1

生徒の状況に合わせた動機づけを

意欲的にソーシャルスキルトレーニングに取り組んでもらうためには、その**スキルを学ぶメリットを伝えることが重要**です。その時期の生徒が持つ興味や悩みごとに合わせて、伝える内容をかえてみましょう。1年生は、これから新しい人間関係を作っていかなければならない時期ですし、3年生になれば、卒業後の進路決定や受験を控えています。

スキルを身につけることで、その時期に抱える不安や悩みを解決するのに役立つということを伝え、授業に対するモチベーションアップを図りましょう。

Point 2

成長に合わせて任せる部分を増やして

中学校3年間での子どもたちの発達過程を、「1年生は他律」（人からの指示で行動する）、「2年生は自律」（自分で気づいて行動する）、「3年生は自立」（自分で考え、判断し、行動する）と呼びます。ソーシャルスキルトレーニングでも、**子どもたちの成長を促すような指導を行いましょう**。

1年生では、教師が主導となってモデリングをし、丁寧に教えてあげます。2年生になったら、モデリングの相手役を生徒に頼んだり、教師が決めた授業の進行を部分的にやってもらったりします。さらに3年生の場合は、進行役を生徒にやってもらったり、生徒同士が意見を出し合いながら進めていったりして、生徒が主導となる授業展開にするのもよいでしょう。

Point 3
「認める姿勢」を大切に指導や声かけを

生徒の意欲を高めるためには、何より**肯定的なフィードバック**が重要です。特にソーシャルスキルトレーニングは初めての子も多く、緊張感やとまどい、恥ずかしさがあるでしょう。授業中なら「今の発表は説明がわかりやすかったね」のように、授業外なら「○○くん、おはよう。今日もいい笑顔だね」のように声かけをして、スキルを使えたことをほめるだけでなく、生徒の存在自体を認める姿勢も心がけましょう。

Point 4
すべてを否定せずその行動のみを注意する

生徒が不適切なことをしたとき、**注意するのは間違った行動そのものだけにし、共感ポイントを探すことも大切です**。まず、生徒になぜそのようなことをしたのかを聞き、「どんな気持ちだったのか」「どのように考えたのか」「何をしたのか」を確認しましょう。そのうえで、すべて否定するのではなく、**共感できるところは共感して、短絡的な考え方や、行動そのものを指導**します。

Point 5
他人と比較せず本人の過去と比較を

スキルの練習がうまくできたとき、あるいは、習ったスキルがうまく使えていなかったとき、**ほかの生徒と比較することは避けましょう**。これは中学生に限らず大人でもそうですが、人と比べられることは嫌なものです。たとえほめられたとしてもいい気はしませんし、比較対象にされた生徒も傷つけることになります。比べるのであれば、「以前に比べてこんなに進歩した」など、**本人の過去と今を比べるようにしましょう**。

Point 6
ささいなことをほめるのは逆効果

肯定的なフィードバックは大切ですが、**何でもほめればいいということはありません**。できて当たり前なことをほめられると「バカにされた」と感じる生徒もいます。**ほめるタイミングにも注意**しましょう。

ただし、「シャツをズボンの中に入れる」「くつのかかとをふまない」など、簡単なことでも中学生が身につけたい行動ができるようになったときには「ちゃんとできているよ」と認めてあげることは大切です。それが適切な行動を継続させることにつながります。

Point 7
感情的に注意したり、皮肉を言ったりしない

教師も人間ですから、感情的になることもあります。しかし、そのときこそ「STOP & THINK」（考えるスキル）で冷静になり、**感情をぶつけるだけのしかり方はやめましょう**。大きな声を出すとそれだけで感情は高ぶるので、冷静になり、何がよくないのかを諭し、気づかせることが大切です。

また、**生徒がいちばん嫌うのは教師からいや味や皮肉を言われることです**。「どうせ聞いていないでしょう」「そんなこともできないで」「部活はやるのにこれはやらないの」といった発言は厳禁。何がいけないのか、どのようにすればよいのかをきちんと言葉にして教えましょう。

Point 8
子ども扱いせず、1人の人間として尊重する

中学生は、自分を1人の大人として認めてもらいたい年ごろです。それがうまくいかずいら立つことがありますし、背伸びして大人のまねをしようとして問題行動になることもあります。

教師から見れば、中学生は子どもかもしれませんが、1人の人間であることを忘れてはいけません。むやみにおだてる必要はありませんが、**先回りして注意したり、できないと決めつけたりするのはNG**。積極的に意見を求め、任せられるところは任せて、**子ども扱いせず、対等に接するようにしましょう**。

Point 9
生徒のやる気をそがないグループやペアを作る

男子ペア　　女子ペア

ソーシャルスキルトレーニングでは、ペアやグループで考えたり、練習したりする機会が多くなります。けれども中学生は異性を意識しだす時期で、男女ペアには抵抗がある子どもたちもいます。また、メンバーによって授業への意欲が極端にかわる子どももいるでしょう。

授業では、ソーシャルスキルのトレーニングをすることが第1目的ですから、子どもたちが抵抗なく取り組めるようにすることが大切です。**席順でなく、ソーシャルスキルの授業のためのグループを作ったり、男女別々のペアにしたり、クラスの雰囲気に合わせて配慮するとよいでしょう**。ただし、生徒に不公平感を感じさせないことも忘れずに。また、最終的には、誰とでも抵抗感なくペアになって活動できるようになることを目指しましょう。

Point 10
反発する生徒には積極的に声かけを

　授業中、反抗的な態度をとったり、周囲にちょっかいを出したりして授業のじゃまをしようとするのも、思春期の子どもによく見られる態度です。こういう子どもたちには、**積極的に声をかけて意見を述べさせたり、モデリングを手伝ってもらったりして、あえて授業に巻き込むようにします。**そのうえで「よくできたね」「協力してくれてありがとう」と認めてあげることで、前向きな態度にかわる場合があります。ただ

し、この方法が必ず正解だとは限りませんので、生徒の様子をよく見て、その子に合った声かけや対応を心がけましょう。

Point 11
「集団」が苦手な生徒には「個別」の支援を

　ソーシャルスキルトレーニングを導入した学校でよく観測される現象として「教師がソーシャルスキルを身につけてほしいと思っている生徒ほど授業を欠席してしまう」というものがあります。ソーシャルスキルトレーニングはどうしてもペアやグループで行う授業となるため、**集団での学習が苦手な生徒や、そもそも集団になじめていない生徒が取りこぼされてしまうことがあるのです。**また、授業を受けていたとしても、ソーシャルスキルトレーニングの効果があまり見られない生徒もいます。**このような場合には個別に支援を行う必要があります。**

　具体的には、クラスでソーシャルスキルトレーニングを行う前に、1対1で対面し、これから行うトレーニングの内容を説明したり、先に少し練習をしたりしておくとよいでしょう。恥ずかしさがあり、ペアでスキルの練習をやりたくない生徒なら、教師のサポート役をやってもらったり、相手役をやってもらったりするのも、ひとつの方法です。

　本来、生徒一人ひとりのソーシャルスキルの状態は異なりますし、それぞれの問題も対処したいというニーズも異なります。こうした生徒を個別に支援することで授業への参加を促進できますし、同時にソーシャルスキルの向上につなげることが期待できます。結果として、集団への適応も促進することができるでしょう。

ソーシャルスキルトレーニングを始めよう⑤

授業への取り入れ方と継続するための工夫

学校の授業の中で、ソーシャルスキルトレーニングを行う場合、どの時間を使って、どのように取り組めばよいのでしょうか。導入のポイントと、継続して効果を上げるために必要なことを解説します。

まずはクラスで取り組みを 学年・学校全体ならより効果的

生徒にソーシャルスキルを身につけさせたいと思ったとき、もちろんクラス単位でソーシャルスキルトレーニングを導入することは可能です。しかし、スキルを身につけていくためには授業だけでなく、日常生活での学びが大切なことを考えると、**学年や学校全体で取り組む**ほうがより効果的です。

例えば、中学2年生のA組ではソーシャルスキルトレーニングを実施し、B組では実施しない場合を考えてみましょう。A組の生徒は、対人関係でトラブルがあったとき、学んだばかりのソーシャルスキルを使ってみようとします。トラブルの相手が同じA組の生徒の場合にはスムーズにスキルを使うことができるでしょう。しかし、B組の生徒が相手の場合は、スキルを使ってもトラブルが解決できない可能性が高くなります。すると、「ソーシャルスキルなんて役に立たない」と学んだスキルを使わなくなってしまいます。

また、教師の指導に一貫性がなくなるという問題点もあります。A組の教師とB組の教師では、何かトラブルがあったときの指導は異なり、生徒が混乱してしまうかもしれません。また、ソーシャルスキルを使っている生徒がいても、B組の教師は気づくことができず、ほめてあげることはできないでしょう。

つまり、「**普段やりとりするクラスメイトや教師のすべてが、ソーシャルスキルという共通言語を持ち、対人関係の問題に向き合うことのできる学校を作る**」。これがソーシャルスキルトレーニングを導入して得られるもっとも大きなメリットといえるかもしれません。

特別活動や道徳の時間などに導入を

ソーシャルスキルトレーニングを導入するとき、考えなければいけないのが、どの時間を使ってソーシャルスキルトレーニングを行うか、ということです。結論からいうと、**特別活動や、道徳・総合的な学習の時間に行う**のがよいでしょう。特に、「集団活動の仕方を身につけること」「集団生活や人間関係の課題を見いだし、解決できるようにすること」「人間関係をよりよく形成すること」などを目標とする特別活動は、ソーシャルスキルトレーニングを行うのに適しています（参考／文部科学省中学校学習指導要領総則）。

また、P.21でも述べたとおり、道徳で学習する内容は、ソーシャルスキルと密接に関連しています。したがって、道徳の時間にソーシャルスキルトレーニングを取り入れるのもひとつの方法です。

ソーシャルスキルの授業を継続させるポイントは？

ソーシャルスキルトレーニングを導入した後は、授業を継続して行い、効果をあげる工夫が必要です。学校全体、または学年全体で取り組むのもそのひとつの方法ですが、そのほか、次の2つの取り組みも重要です。

1 中心となって取り組む人を決める

学校全体、または学年でソーシャルスキルトレーニングを実施するとき、重要なのが学校からの支援です。忙しい教育現場で、一人ひとりの教師がソーシャルスキルの授業の準備を行い、実施していくのは大きな負担になるでしょう。そこで具体的な支援策として提案したいのが、**ソーシャルスキルトレーニングの外部コーディネーターを設けること、または教師の中で中心となる担当をおくこと**。その人に授業計画の立案や授業の準備、トラブル対応などを主導してもらうのです。

2 トレーニングの成果を定期的に評価する

ソーシャルスキルトレーニングを導入した後は、効果が出ているか評価することも重要です。効果があがれば、トレーニングの継続にもつながるでしょう。

評価の方法は大きく2つあり、ひとつが**教師の主観的評価**です。**指導したことができるようになっているか、生徒一人ひとりの言動の変化をよく観察しましょう**。複数の教師からの評価を比較することで、より多角的な評価ができるようになります。

もうひとつの方法が、**アンケート用紙を使い、生徒自身の自己評価や教師の評価などを行う方法**です。手間はかかりますが、効果を数値化して客観的に把握することができます。具体的に使えるアンケートとしては、「中学生用社会的スキル尺度（戸ヶ崎・岡安・坂野、1997）」「中学生用社会的スキル尺度（嶋田、1998）」「ソーシャルスキル自己評定尺度（相川・藤田、2005）」などがあります。アンケートの結果は生徒や保護者にもシェアすると、より効果が実感できます。

ソーシャルスキルトレーニングを始めよう⑥

ソーシャルスキルトレーニングの指導計画を立てよう

ソーシャルスキルトレーニングを始める際、最初に、いつ、どのスキルを取り上げるのか、スケジュールを決めておく必要があります。その場合の計画の立て方と、3年間の指導計画例を紹介します。

> うちのクラスに必要なのは……。

計画を立てるとき配慮したい3つのポイント

中学校の3年間で、ソーシャルスキルを生徒にどのように学ばせるかは基本的に自由ですし、本書の掲載順に学習する必要はありません。各校、各クラスの事情に合わせて、スキルを選び、スケジュールを立てればよいでしょう。

その際、どのような点に配慮すればよいか、基本的な考え方を3つ紹介します。

①基本スキルからはじめて応用スキルへ、具体的な行動から内面で生じる行動を教えていくこと

ソーシャルスキルは、他者から見ても実行しているかどうかがわかる具体的な行動と、他者からは何をしているかがわからない抽象的で、認知的な行動とに大別することができます。本書で紹介している基本スキルでいえば、「聴く」「話す」「観る」スキルは前者で、「理解する」「考える」「気持ちに気づく」「自分を知る」スキルのように個人の内面で生じる行動は後者になります。

この2つを比較すると具体的な行動である前者のほうが、学習することも教えることも簡単です。見本を見せたり、できているかどうかを目で見て確認したりできるからです。具体的な行動から教えて、次第に認知的な行動を教えていくようにするとよいでしょう。

②よい学級集団を形成するスキルを優先して教えること

学級集団の成長には、クラスのルールと人間関係作りが必要になります。そのどちらにもソーシャルスキルの学習は効果的です。本書では6つの集団生活に必要なスキル（→ P.84～107）を紹介しています。これらのスキルを学級集団の形成期に学習すると、生徒たちのコミュニケーションを促進することができます。

③生徒のニーズと教師のニーズに違いがあることを前提に教えること

教師は、相手の気持ちを考えて接するというような「トラブルが起きない」ためのスキルを教えたいと考えがちですが、生徒は、トラブルを上手に解決する、あたたかい言葉をかけるといった「トラブルが起きた際に対処する」スキルを学びたいと考える傾向があります。指導計画を立てるときは、このような教師と生徒の認識の違いをあらかじめ考慮しておく必要があるでしょう。生徒たちが学びたいことをテーマにしたほうが、学習効果が高くなります。

\3年間を通して計画/
中学校3年間の指導計画例

①～⑦ 基本スキル　⑧～㉗ 応用スキル

	1年生	2年生	3年生
4月	① 聴く ⑧ 気持ちよいあいさつ・自己紹介をする	⑱ 人を傷つけずに自分の意見を伝える	㉖ 気持ちを言葉にして伝える
5月	② 話す ③ 観る	⑭ 友だちを励ます・元気づける	㉗ ストレスとうまくつき合う
6月	⑪ グループで協力して活動する ⑫ ひとつのテーマで話し合う	㉑ 他者をほめる	プラスα 身を守る
7月	④ 理解する ⑤ 考える	⑮ 友だちの相談にのる	
8月	←──────── 夏休み ────────→		
9月	⑨ 質問する	⑯ 友だちに謝る	
10月	⑩ 説明する	㉒ 感謝する	
11月	⑥ 気持ちに気づく	⑰ 上手に断る	
12月	⑦ 自分を知る	㉓ SNSで上手にコミュニケーションする	
1月	⑬ 他者を尊重する	㉔ 自分の気持ちを深く知る	
2月	⑲ 人に話しかける ⑳ 頼みごとをする	㉕ 怒りに振り回されない	
3月			

\特定の時期に/
クラスがえに向けた指導計画例

2年生のクラスがえに向けて、1年生の3学期から指導します。

学年月	1年生
1月	② 話す
2月	⑤ 考える
3月	⑦ 自分を知る ⑧ 気持ちよいあいさつをする、自己紹介する

\特定の問題解決に/
人間関係のトラブルが多い場合の指導計画例

友だち同士のトラブルが多いクラスは、コミュニケーションに必要なスキルを中心に指導します。

③ 観る → ⑥ 気持ちに気づく
→ ① 聴く → ⑯ 友だちに謝る
→ ⑱ 人を傷つけずに自分の意見を伝える
→ ㉒ 感謝する

1章　基礎知識編　ソーシャルスキルトレーニングを始めよう

Column 知っておきたいキーワード

イラショナル・ビリーフって何？

教師が知っておきたいキーワードのひとつ「イラショナル・ビリーフ」。ソーシャルスキルでは、第2章の「怒りに振り回されないスキル」に関連する考え方です。

　イラショナル・ビリーフとは、非合理的な信念（思い込み）のことです。明確な理由や科学的な根拠があるわけではないのに、「～しなければならない」「～すべきである」と思い込んでいる状態をいいます。あるいは、本当は「～だといいなぁ」という願望だったのに、いつの間にかそれが「～しなければならない」という義務に置きかわっている場合なども当てはまります。このような**勝手な思い込み（イラショナル・ビリーフ）は、悩みや精神不安を引き起こす原因となります。**

　イラショナル・ビリーフは、1955年ごろにアメリカの臨床心理学者アルバート・エリスによって提唱された「論理療法」における考え方のひとつです。人の悩みは、出来事そのものから生まれるのではなく、その出来事の受け取り方によって生まれるのだという理論です。イラショナル・ビリーフにとらわれて、悩みや精神的苦痛を大きくしてしまう例には次のようなものがあります。

① 「あの人はいつもウソをつく」「みんなウソばっかり言う」などと事実に基づかない思い込みが、被害妄想を生む。

② 「〇〇高校に入れなければ人生終わりだ」と、仮に一度失敗してもチャンスがあることや、ほかの選択肢があることに気づかず、苦しくなる。

③ 「うなぎと梅干を一緒に食べるとおなかを壊す」など、実際にはそのようなことはないのに、昔から言われているから、みんなが言っているからと頭から信じ込むことで行動が不自由になる。

④ 「1秒でも時間に遅れることは許されない」という窮屈な思い込みで自分をしばり、自分ができることは人もできるししなければならないと思い込むことで、他者への要求や対応が厳しくなる。

　論理療法では、以上のような**イラショナル・ビリーフを、「～だといいなぁ」(願望)、「～にこしたことはない」という、ラショナル・ビリーフ(合理的信念)にかえることで悩みやイライラを消していきます。**ソーシャルスキルの指導では、「怒りに振り回されないスキル」(→P.158)に応用できます。自分が考えていることを①意味なくこだわっていないか、②本当に可能なことか、③自分がそうしたいだけではないか、④何か役に立つのかなどの視点で振り返ると、イラショナル・ビリーフをラショナル・ビリーフに修正しやすくなります。その結果、心を落ち着かせることができ、前向きな気持ちにもなれるでしょう。

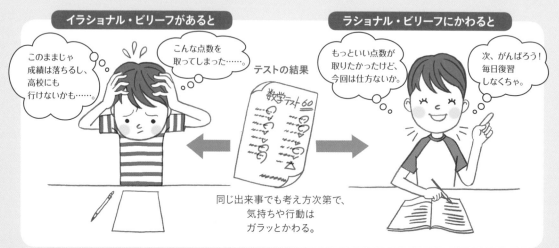

同じ出来事でも考え方次第で、気持ちや行動はガラッとかわる。

第2章

授業実践編
ソーシャルスキルトレーニング
基本スキル＆応用スキル

ここからは、ソーシャルスキルトレーニングの実践編です。基本スキル・応用スキルの授業の流れと指導のポイントを具体的に紹介します。中学生によくある場面を盛り込み、子どもたちが意欲的に取り組める内容になっています。

中学生のための7つの基本スキル

「授業実践編」で、まず中学生に身につけてほしい7つの基本スキルです。ソーシャルスキルの基礎となるスキルなので、まずはここからトレーニングをスタートさせると、生徒も理解しやすいでしょう。

人と接するときに必須のスキル

ソーシャルスキルとひと口にいっても、その種類はさまざまですが、その多くはまわりの人とのコミュニケーションを円滑にする役割があります。コミュニケーションとは、人と意見や気持ちを伝え合って、心を通わせることです。その過程を分解すると、そこで必要になるのが、本書で紹介している「聴く」「話す」「観る」「理解する」「考える」「気持ちに気づく」「自分を知る」という7つの基本スキルになります。中学生が友だちや先輩・後輩、教師など、さまざまな人と交流し、よい関係を築くために、必要になるスキルです。

1 聴くスキル

コミュニケーションの手段として、最も頻繁に使われるのが会話です。会話は話す人と、聴く人がいて初めて成立します。特に相手をよく知り、理解するためには、聴き上手になることが大切です。**人の話をきちんと聴くことは、互いを認め合うことの一歩**でもあります。

また、授業に集中し、内容を理解するためにもきちんと聴くことは必須ですので、**中学生にまず身につけさせたいスキル**といえるでしょう。

▶▶ P.54〜57

2 話すスキル

話すスキルで求められるのは、**場面や相手に合わせた話し方**ができることです。例えば中学生になると、部活動や委員会など活動の場が広がるとともに、先輩や担任以外の教師など、接する人の幅も広がります。そこで、人前での話し方や目上の人に対する話し方、学校以外の公共の場での話し方などを身につけていく必要があります。

▶▶ P.58〜61

3 観るスキル

話すこと、聴くことに比べて、観るという行動は他人が確認しづらく、スキルとしては今まであまり扱われてきませんでした。しかし、**コミュニケーションにおいて、相手の表情や身振り手振りなどをよく観察することは、非常に重要**です。実際、人は五感のうち、視覚から8割以上の情報を得ているといわれています。

まずは、生徒によく観ることの大切さを知ってもらい、そのうえで着目すべきポイントを指導するとよいでしょう。

▶▶ P.62～65

4 理解するスキル

授業を受けるとき、人と話をするときなどにおいて、観たり、聴いたりして集めた情報は、その内容をきちんと理解して初めて意味があります。

理解するとは、**得た情報を自分の言葉で言いかえられること**です。情報を**事実・考え・感情**に整理することで内容を理解していくことを教えます。

▶▶ P.66～69

5 考えるスキル

不用意な発言や行動は、人を傷つけたり、失敗する原因になったりします。そのようなトラブルを防ぐには、**いったん立ち止まって考えること（STOP&THINK）が必要**です。それが考えるスキルです。何か新しい行動を起こすときは、あわてず、自分の考えや行動を見直すクセをつけるよう指導しましょう。

▶▶ P.70～73

6 気持ちに気づくスキル

感情のぶつかり合いや、行き違いによるトラブルを防ぐには、一人ひとりが**自分や相手の感情をうまく取り扱う**ことが重要になります。そこでまず必要なのが、自分の気持ち（感情や考え方）を知ることです。**自分の気持ちに気づくことができれば、それを応用して、他者の気持ちを察する**こともできるようになります。

▶▶ P.74～77

7 自分を知るスキル

自分を知るスキルとは、「**自分にとって大事なもの、好きなものは何か**」という自分の価値観を正しく把握することです。自分自身で**将来の進路を決定するためにも必要不可欠なスキル**です。また、中学生から高校生にかけて、アイデンティティを確立するうえでも身につけておくべきスキルでもあります。

▶▶ P.78～81

7つの基本スキル

学習の時期 **1年** (2年) (3年)

育つスキル

1 「聴く」スキル

「聴く」ことは、コミュニケーションの基本となる行動です。相手が心地よく話せるように、ポイントを意識して話を聴く態度を身につけていきましょう。

ワークシート **1** を使用

5分 ウォーミングアップ（授業の導入）

❶ 授業の心得・ソーシャルスキルベーシックルール（P.31参照）を確認する。
❷ 生徒に問題提起をし、教師の体験談を紹介したり、生徒に発表してもらったりする。

> 先生：友だちと話していて、勘違いや言葉の行き違いで、気まずくなった経験はありませんか？

❸ 授業のテーマを伝える。

> 先生：人とうまくコミュニケーションを取るには、相手の話をよく聴くことが大切ですね。今日は「聴くスキル」を勉強します。

アドバイス
相手の話をうわの空で聴いていて白けた雰囲気になったり、誤解を生みトラブルになったりした教師の経験を話す。

10分 1 インストラクション（目的を伝える）

❶ ワークシート **1** を配る。
❷ **ワーク1** 話を聴くときは、どのような態度が適切か考え、ワークシートに記入する。何人かの生徒に発表してもらう。
❸ 生徒の意見をまとめながら、聴くスキルのポイントを黒板に提示し、説明する。生徒はそれをワークシートに記入する。

アドバイス
「自分が話しているとき、どんなふうに聴いてもらえたらうれしい？」などと質問し、聴くスキルのポイントに気づかせる。

- 相手に体を向ける
- 相手の目を見る
- うなずく、相づちを打つ
- 最後まで話を聴く

❹ 今日の授業のゴールを伝える。

先生：今日のゴールは、「耳と目と心を使って人の話を聴けるようになる」ことです。

10〜15分 ② モデリング（手本を見せる）

❶ ワーク2 下記のイラストの場面を教師または生徒で演じてみせる。
＜場面＞最近見た映画がおもしろかったので、そのことを友だちに聴いてもらう。

A　目を合わさない、時計を気にして、落ち着きがない様子。

B　相手に体を向け、目を見ている。相づちを打っている。

❷ それぞれの例を見て気がついた点をワークシートに記入する。

❸ 何人かの生徒に発表してもらい、聴くスキルのポイントを再確認する。

アドバイス
聴くスキルがないと、話す相手への印象が悪くなり、コミュニケーションを続けることが難しくなる。よりよい関係作りの秘けつは、聴くスキルにあることを伝える。

15分 ③ リハーサル（練習する）

❶ ワーク3 ペアになり、話をする役と聴く役にわかれて、聴くスキルの練習をする。

❷ 話す役と聴く役を交代する。

❸ 聴き方について自分が意識したところや、相手のよかったところなど、スキルを練習した感想をワークシートに記入する。

アドバイス
聴くスキルのポイントを意識しながら練習するように促す。2役をやってみて、お互いのよかった点や気持ちの変化に気づかせる。

5〜10分 ④ フィードバック（振り返る）

授業のまとめとして、ワークシートの「振り返り」に記入する。

アドバイス
今日のゴールをもう一度提示し、聴くスキルはコミュニケーションの基本であることを伝える。

次のページでワークシートの解説をします

ワークシート 1 の解説

ワークシート 1 → P.54-55

「聴く」スキル

スキルマップ：考える／自分を知る／話す／観る／気持ちに気づく／聴く／理解する

年　組　番　名前

ワーク1　聴くスキルのポイントをおさえよう

インストラクション

◆ 人の話を聴くときは、どのような態度がよいと思いますか？
　話す人の気持ちを想像しながら書き出してみましょう。

〈例〉
・いっしょうけんめい聴く。
・興味をもって聴く。

Point　それぞれのポイントについて、具体例を挙げながら、はっきりと行動で示して見せる。

◆ 聴くスキルの4つのポイントをまとめましょう。

聴くスキルのポイント

- 相手に体を向ける
- 相手の目を見る
- うなずく、相づちを打つ
- 最後まで話を聴く

ワーク2　話の聴き方の違いについて考えよう

モデリング

◆ **A** と **B** のイラストやモデリングを見て、よいところや悪いところを書き出してみましょう。

〈場面〉最近見た映画がおもしろかったので、そのことを友だちに話す。

A

〈例〉
・よそ見をしている。
・体が相手のほうを向いていない。
・時間を気にしている。
・イライラしている。
・ビンボーゆすりをしている。
・生返事をする。

Point　4つのポイントに沿って、AとBのモデリングの違いを考えさせる。

指導のポイント

聴くスキルはコミュニケーションにおける基本です。「あなたの話を聴いていますよ」というメッセージが相手に伝わることが大切です。聴いてもらう体験は心地よいものです。人の話をよく聴くことは、互いを認め合うことの一歩でもあります。その意味が生徒によく伝わるように、特にリハーサルはていねいに行いましょう。

〈例〉
- 相手の目をしっかり見ている。
- 相手に体を向けている。
- 相づちを打っている。
- うなずきながら聴いている。
- 笑顔で聴いている。
- ときどき感心している。

ワーク3　聴くスキルの練習をしよう　リハーサル

◆ ペアになり、話をする役と話を聴く役にわかれて聴くスキルの練習をします。
　＜話す例1＞最近うれしかった出来事
　＜話す例2＞好きな食べ物とその理由

◆ 練習した中で意識した聴くスキルはどんなことでしたか？

〈例〉
- 相づちをタイミングよく打つこと。
- 体の向きと視線。

Point スキルの練習は、恥ずかしがらずにやることが大切。教師がモデリングを真剣にやることで生徒が恥ずかしがらずにやれる雰囲気を作る。

◆ あなたが聴く役のとき、どんなところがよかったかを相手にたずねて、記入しましょう。

〈例〉
- 楽しそうな表情で、話を最後まで聴いてくれたこと。
- 体を前のめりにして聞いてくれたこと。

Point 話を聴いてもらって、相手がうれしく感じた自分の態度や行動に着目する。

◆ 聴くスキルがある会話のよいところは、どんなところですか？
相手の気持ちや自分の気持ちも書いてみましょう。

〈例〉
- 親身になって聴いてくれると、うれしい気持ちになる。
- 相手との共通点が見つかり、親しくなれる。

今日の授業を振り返って

◆ 聴くスキルのポイントがわかりましたか？
　① まったくわからない　② わからない　③ わかった　④ よくわかった

◆ 今日学んだスキルを今後どんな場面で使おうと思いましたか？

〈例〉
- 初めて出会った人と話をするとき。
- いつも人の話を聴くときはこのようにしたい。

Point 振り返りをする際は、スキルの4つのポイントを確認してから行う。

7つの基本スキル

学習の時期　**1年**　2年　3年

2 「話す」スキル

育つスキル

スキルマップ

自分の伝えたいことをきちんと話せると、コミュニケーションはうまくいきます。ここでは、相手や場面に応じた適切な話し方を学びます。

ワークシート **2** を使用

5分　ウォーミングアップ（授業の導入）

❶ 授業の心得・ソーシャルスキルベーシックルール（P.31参照）を確認する。
❷ 生徒に問題提起をし、教師の体験談を紹介したり、生徒に発表してもらったりする。

先生：友だちと話しているとき、うまく伝わらなかったり、言い方がよくなくて相手が不機嫌になったりしたことはありませんか？

❸ 授業のテーマを伝える。

先生：人とうまくコミュニケーションを取るには、どんな言葉で、どんなふうに話すかが大切ですね。今日は「話すスキル」を勉強します。

> **アドバイス**
> 場にそぐわない話し方で相手にいやな思いをさせてしまったなど、教師の経験を話す。

10分　1 インストラクション（目的を伝える）

❶ ワークシート **2** を配る。
❷ **ワーク1** 話すスキルにかかわる3つの要素を黒板に提示し、説明する。生徒はそれをワークシートに記入する。

言葉	態度	心づかい
何を伝えたいのか、話す内容を整理する。言い方や話す速さも考える。	その場に適した声の大きさ、表情、身振り、手振り。	相手を思いやる気持ちを持つ。一方的に話していないか、考える。

> **アドバイス**
> ・相手や場面によってどんな言葉使いや態度を取ればよいかを考えさせる。
> ・相手が内容を理解しやすいように話しているか、また、相手の都合を考えず自分だけが一方的に話していないかなどに注意させる。

❸ 今日の授業のゴールを伝える。

先生：今日のゴールは、**「相手や場面に応じた話し方ができるようになる」**ことです。

2 モデリング（手本を見せる）

⏱ 10〜15分

❶ ワーク2 下記のイラストの場面を教師または生徒で演じてみせる。
＜場面＞部活の顧問の先生（または部長）に、家の用事で明日の練習に参加できないことを伝える。

❷ それぞれの例を見て気がついた点をワークシートに記入する。
❸ 何人かの生徒に発表してもらい、話すスキルのポイントを再確認する。

> **アドバイス**
> 年上の人や大人と話すときに注意することを説明する。タイミング（相手への心づかい）、内容が整理されていること、言葉づかい（その場に適した声の大きさ）など。

3 リハーサル（練習する）

⏱ 15分

❶ ワーク3 の場面設定を見て、話す内容を考え、ワークシートに記入する。
❷ ペアになり、ワークシートに記入した内容を話すスキルを使って練習する。何人かの生徒に発表してもらってもよい。
❸ 3つの場面を演じてみて、「いつもかわらないこと」と「相手や状況によってかえたほうがよいこと」を挙げ、ワークシートに記入する。何人かの生徒に発表してもらう。
❹ 相手のよかったところなど、スキルを練習した感想をワークシートに記入し、お互いに伝え合う。

> **アドバイス**
> ・話すスキルのポイントを意識するよう声かけをする。聴くスキル（→P.54）を学んだ後なら、聴き役の人に聴くスキルを使うよう促す。
> ・ポイントは「わかりやすく話す」（内容の整理、話す順番・速さを考える）、「相手の気持ちを考えて話す」（一方的でないか、いやな気持ちにさせていないか）ということを、あらためて説明する。

4 フィードバック（振り返る）

⏱ 5〜10分

授業のまとめとして、ワークシートの「振り返り」に記入する。

> **アドバイス**
> 今日のゴールをもう一度提示し、話すスキルを使うと伝えたいことが適切に伝えられ、お互いの関係がよくなることを確認する。

次のページでワークシートの解説をします

ワークシート ❷ の解説

→ P.58-59

ワークシート ❷

「話す」スキル

スキルマップ（考える／話す／自分を知る／観る／気持ちに気づく／聴く／理解する）

年　組　番　名前

Point
相手を思いやる気持ちがあれば、どんな態度や行動をするかを生徒に考えさせる。

ワーク1　話すスキルのポイントをおさえよう

インストラクション

◆ 話すスキルにかかわる3つの要素をまとめましょう。

話すスキル 3つの要素
- **言葉**：何を伝えたいのか、話す内容を整理する。言い方や話す速さも考える。
- **態度**：その場に適した声の大きさ、表情、身振り、手振り。
- **心づかい**：相手を思いやる気持ちを持つ。一方的に話していないか、考える。

ワーク2　話し方の違いについて考えよう

モデリング

◆ 下のイラストやモデリングを見て、よいところや悪いところを書き出してみましょう。

〈場面〉部活の顧問の先生（または部長）に、家の用事で明日の練習に参加できないことを伝える。

〈例〉

A
- 先生に対してなのに、友だち言葉を使っている。
- 服の着こなしが乱れていて、だらしない。
- 相手の都合を聴かず、一方的に話しかけている。

B
- 相手の都合を聞いてから話しかけている。
- まじめな姿勢が伝わる。
- 伝えたい内容がよくわかる。
- 相手のほうを向いて話している。
- 服の着こなしが乱れていない。

Point
同じ内容を話していても、言葉づかいや態度によって、相手にきちんと伝わらない場合があることを教える。

指導のポイント

話すスキルの練習では、**言葉＋態度＋心づかい**の3つの要素がポイントになります。一度にすべてを習得するのは難しいことですが、練習しながら、この3つのポイントを意識できるように指導しましょう。練習後に、ペアでこの3つの観点について、お互いにどうであったかを振り返って、フィードバックさせるとよいでしょう。

ワーク3　話すスキルの練習をしよう

リハーサル

◆ 次の内容を伝える場合、どのような話し方が適切でしょうか？　ペアで練習してみましょう。

＜話す内容＞あなたはテニス部の部長。今週の土曜日は試合。午前8時に駅集合。持ち物はお弁当、交通費。テニス部のジャージを着てくること。

〈例〉

Point　グループで練習し、聴き役を増やしてもよい。

Point　スキルの授業を始めたばかりのころは、恥ずかしがったり、ふざけたりしがち。真剣に取り組めるように、ウォーミングアップなどでソーシャルスキルを学ぶ理由をしっかり生徒に伝える。

部員全員に伝える場合

皆さん聞いてください。今週土曜日に試合があります。朝8時に駅に集合です。お弁当と交通費を忘れずに持ってきてください。部のジャージを着てきてください。

指導してくれる先輩に伝える場合

先輩、今、お話ししてよいですか？　今週土曜日に試合があります。試合開始は11時、会場は○○です。もしよかったら、見に来てください。よろしくお願いします。

家族に伝える場合

お母さん、今週土曜は試合なんだ。7時半には家を出るよ。お弁当がいるから、よろしくね。あと、交通費が往復500円必要だよ。

Point　場面によって何を意識して練習したかを生徒に問う。

◆ 話すときに意識する内容をまとめてみましょう。

〈例〉
いつもかわらないこと
・わかりやすく話す。
・相手の気持ちを考えて話す。
・相手の都合を確認して話しかける。

相手や場面によってかえたほうがよいもの
・言葉づかい（友だち、年上の人）。
・態度（家、学校、公共の場）。
・服装や着こなし。

Point　公共の場が思いつかない場合は、部活の試合会場で他校の先生に話しかけるとき、図書館で本の探し方をたずねるとき、遠足で見学先の人に質問するときなどのように、生徒が体験する場面を例に出すとよい。

◆ 相手のよかったところや練習してみた感想を記入しましょう。

〈例〉相手によって言葉づかいや話す内容をかえていたのがよかった。

今日の授業を振り返って

◆ 話すスキルのポイントがわかりましたか？
　まったくわからない ①　　わからない ②

◆ 今日学んだスキルを今後どんな場面で使おうと思いましたか？

〈例〉・道をたずねるとき。
　　　・地域の人と話すとき。

Point　まずは相手のよい点を見つけたことを認め、それをまねしてみるよう促す。

Point　心づかいは相手や場面により異なるので、心づかいの行動例がいくつか挙げられればよい。

7つの基本スキル

学習の時期 **1年** (2年) (3年)

育つスキル

スキルマップ

3 「観る」スキル

相手の表情や態度など、言葉以外の部分からも、コミュニケーションに必要な情報が得られます。どこに注目すればよいか考えるよう指導しましょう。

ワークシート **3** を使用

5分 ウォーミングアップ（授業の導入）

❶ 授業の心得・ソーシャルスキルベーシックルール（P.31参照）を確認する。

❷ 生徒に問題提起をし、教師の体験談を紹介したり、生徒に発表してもらったりする。

> 先生：友だちと話しているとき、言葉には出さなくても相手の様子で気持ちが伝わった経験はありませんか？

❸ 授業のテーマを伝える。

> 先生：人とコミュニケーションを取るときは、相手をよく観ることで、言葉以外からも相手の気持ちや考えを理解できます。今日は「観るスキル」を勉強します。

アドバイス
コミュニケーションは、言語的な部分より、非言語的な部分から得られる情報のほうが圧倒的に多いといわれている。視覚的な部分に注目することが学習のポイントだと伝える。

10分 1 インストラクション（目的を伝える）

❶ ワークシート **3** を配る。

❷ **ワーク1** 観るスキルのポイントを黒板に提示し、説明する。生徒はそれをワークシートに記入する。

顔	態度	身だしなみ
●表情を観る。（目つき、視線、表情、顔色、口元）	●手足を観る。●相手の立ち位置、距離感を観る。	●清潔さ、場面に応じた服装を観る。

アドバイス
ポイントを提示する前に「例えば、言葉以外のどこに注目したらいいと思う？」などと問いかけ、生徒の声を拾ってもよい。また、観るスキルでは、言葉以外の「態度」を注意深く観察することが大切だと伝える。

❸ 今日の授業のゴールを伝える。

> 先生：今日のゴールは、**「言葉以外の部分で相手に着目できるようになる」**ことです。

2 モデリング（手本を見せる）

❶ ワーク2 下記のイラストの場面を教師または生徒で演じてみせる。

＜場面A＞Aくんは試験勉強をするために、Bくんに「ノートを貸して」と声をかける。Bくんも勉強したいので本当は貸したくない。Aくんはそれに気づかず無理矢理借りてしまった。

＜場面B＞校外学習グループの係決め。Cさんが保健係をやりたいと思っていたら、Dさんが先に「やりたい！」と言い出す。誰もCさんの気持ちに気づかず、結局保健係はDさんに決定。

❷ それぞれの例を見て、BくんやCさんの気持ちを考える。どんなところに注目すると相手の気持ちがわかるかなど、気がついた点をワークシートに記入し、発表してもらう。

アドバイス　相手の非言語的な部分に注目することで、必要な情報を得られることを教える。気持ちは言葉だけでなく、表情や体にもあらわれることを確認する。

3 リハーサル（練習する）

❶ ワーク2 の各場面について、観るスキルを使った場合の展開を考え、ワーク3 に記入する。
❷ 記入した内容をもとに、ポイントに注意しながら、ペアまたはグループで練習をする（役は交代する）。
❸ スキルを練習した感想をワークシートに記入する。

アドバイス　表情や体を使って気持ちを表現する体験を通して、観るスキルのポイントを意識させる。

4 フィードバック（振り返る）

授業のまとめとして、ワークシートの「振り返り」に記入する。

アドバイス　今日のゴールをもう一度提示し、観るスキルを使うことで相手の気持ちや状況が理解でき、スムーズにコミュニケーションが取れることを伝える。

次のページでワークシートの解説をします

ワークシート 3 の解説

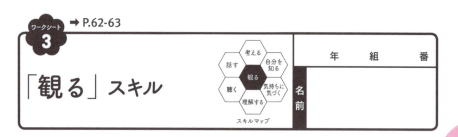

ワーク1　観るスキルのポイントをおさえよう

インストラクション

◆ どんなところに注目すれば、相手の気持ちやその場の状況を読み取ることができると思いますか？　観るスキルのポイントをおさえましょう。

注目するのは

観るスキルのポイント
- 顔 （表情を観る（目つき、視線、表情、顔色、口元））
- 態度（・手足の動きを観る。・相手の立ち位置、距離感を観る。）
- 身だしなみ（清潔さ、場面に応じた服装を観る。）

Point
目がつり上がっている、視線がキョロキョロしている、表情がかたい、顔が赤くなっている、口角が上がっている、手足が落ち着きなく動く、うで組みをしている、など具体例を挙げるとよい。

ワーク2　話し方の違いについて考えよう

モデリング

◆ 下のイラストやモデリングを見て、BくんやCさんはどんな気持ちだと思いますか？　なぜそう思ったのか理由も書きましょう。

〈例〉Bくんはどんな気持ちですか？
自分も今から勉強したいから、貸したくない。

なぜそう思いましたか？
戸惑った様子だったから。

Point
Bくんが困っているように見えなかったか、すぐに貸してくれたか、表情はどうかなど、気持ちよく借りられるときとは異なる点に注目する。

指導のポイント

言語的な情報以外の部分へ目を向け、非言語的な行動を観察すると、さまざまな気づきがあることを学ばせます。リハーサルでは、生徒の表現の仕方が未熟であっても、前向きな姿勢を認めましょう。また、ペアやグループで行い、互いがどのような点に着目していたのかを伝え合うことで、気づきが増えます。

Point Cさんの顔や体の向き、表情、顔色などに注目する。集団になると気づきにくくなることも指摘する。

〈例〉
- Cさんはどんな気持ちですか？
  - 私も保健係をやりたかった。
  - 「やりたい」と言えばよかった……。
- なぜそう思いましたか？
  - 残念そうな様子だったから。
  - 表情が暗いから。
  - 一人だけ何も言えなかったから。

ワーク3　観るスキルの練習をしよう　　リハーサル

◆ ワーク2の各場面について、観るスキルを使った場合はどのような展開になると思いますか？

＜場面A＞あなたがAくんだったら……

〈例〉
- Bくんのどこに注目しますか？
  - 返事に困っている様子に注目する。
- どんな声かけや行動を取りますか？
  - 「Bくんは使う予定ある？」「Bくんが使わないときに貸してくれる？」と聞く。

＜場面B＞あなたがEさんだったら……
- Cさんのどこに注目しますか？
  - 何も意見を言わなかったところに注目する。
- どんな声かけや行動を取りますか？
  - 「ほかにやりたい人はいない？」と全員の意見を聴く。

Point 表情やしぐさで相手の気持ちを理解することは、教えられてすぐできることではないが、ちょっとしたポイントを知っていると理解しやすくなることに気づかせる。

◆ 観るスキルを使った感想やペアの相手のよかったところなどを記入しましょう。

〈例〉
- ○○くんの表情がわかりやすかったからよかった。
- 表情を観るのは難しい。よく注意していないとわからないと思った。

今日の授業を振り返って

◆ 観るスキルのポイントがわかりましたか？

まったくわからない	わからない	わかった	よくわかった
①	②	③	④

◆ 今日学んだスキルを今後どんな場面で使おうと思いましたか？

〈例〉
- 友だちとケンカしたとき。
- 友だちがいつもと違う感じのとき。

Point スキルがすぐにうまく使えなくても、言葉以外で人の気持ちを知ることができることをまず理解させる。

7つの基本スキル

学習の時期 **1年** (2年) (3年)

育つスキル

スキルマップ

4 「理解する」スキル

「理解する」とは、聴いたり観たりした情報を自分の言葉に言いかえられることです。授業以外の場でも必要なスキルとして指導しましょう。

ワークシート **4** を使用

5分 ウォーミングアップ（授業の導入）

❶ 授業の心得・ソーシャルスキルベーシックルール（P.31 参照）を確認する。
❷ 生徒に問題提起をし、教師の体験談を紹介したり、生徒に発表してもらったりする。

先生：話を聴いていて内容がよくわからなかったことや、理解できず、話についていけなかったことはありませんか？

アドバイス
友だちと約束したことを勘違いしてトラブルになった、部活の先輩から指示されても何をしたらいいかわからなかったなどの例を紹介する。

❸ 授業のテーマを伝える。

先生：話を聴いてきちんと理解するためにはポイントがあります。今日は「理解するスキル」を勉強します。

10分 1 インストラクション（目的を伝える）

❶ ワークシート **4** を配る。
❷ [ワーク1] 授業や説明会など、人の話を理解しなければいけない場面と、理解できないと困ることなどをグループで話し合い、ワークシートに記入する。何人かの生徒に発表してもらう。
❸ 理解するスキルのポイントを黒板に提示し、説明する。生徒はそれをワークシートに記入する。
❹ 今日の授業のゴールを伝える。

アドバイス
理解するためには、わからなかったことや大切だと思ったことはそのままにせず、メモをして最後に質問するといったことも必要だと伝える。

話の中には、事実、考え、感情が入っている

- 事実：日付、天気、○○をした、○○があった、などの事柄。
- 考え：その人が考えたり、想像したり、推測したりしたこと。
- 感情：楽しかった、悲しかった、おもしろかったなどの気持ち。

先生：今日のゴールは、**「話の内容を自分の言葉で言いかえられるようになる」**ことです。

2 モデリング(手本を見せる) 10～15分

❶ ワーク2 下記のイラストの場面を教師が理解するスキルを使って説明してみせる。

<説明例>この前の冬のオリンピック、フィギュアスケート男子フリーで○○選手が金メダルを取ったね。前の大会でも金メダルを取ったから2連覇の快挙。男子では66年ぶりの偉業だそうです。○○選手は、3か月前に大きなけがをして、ずっと練習できなかったのに、よくコンディションを整えてすばらしい演技ができたなぁって思いました。フリーの演技では、途中2回も転びそうになって、きっと動揺したと思うけどよく持ちこたえたね。すばらしいね。私は、あの演技を見ていてとても感動しました。○○選手の精神力と努力を見習いたいと思いました。

❷ 理解するスキルのポイントに着目しながら、教師の話の内容をワークシートに書き出す。

❸ ❷の内容をもとに、教師の話を理解したかどうか自分の言葉で言いかえてみる。何人かの生徒に発表してもらう。

アドバイス
スキルを使った場合のモデリングでは、事実・考え・感情の要素を盛り込みながらわかりやすく話す。先にスキルを使わなかった場合を演じ、使った場合のわかりやすさを強調してもよい。

3 リハーサル(練習する) 15分

❶ ワーク3 「最近楽しかった出来事」を考え、ワークシートに記入し、ペアで交代に話す。

❷ 相手の話を聴き、メモを取りながら内容を理解する。理解したことを相手に伝える。

❸ 話を聴くこと以外でも理解するスキルが役立つことをグループで話し合う。

❹ 相手のよかったところなど、スキルを練習した感想をワークシートに記入する。

アドバイス
・相手が話しているときは、メモを取ったり質問したりして理解を深めるよう促す。
・理解するスキルは、自分が話をしたり、文章を読んだりするときも役立つことに気づかせる。文章は時間をかけて読みとることができるので、より理解が深まることを伝える。

4 フィードバック(振り返る) 5～10分

授業のまとめとして、ワークシートの「振り返り」に記入する。

アドバイス
今日のゴールをもう一度提示し、きちんと理解することで適切な行動ができるようになることを伝える。

次のページでワークシートの解説をします

ワークシート 4 の解説

ワークシート 4 → P.66-67

「理解する」スキル

年 組 番 名前

ワーク1 理解するスキルのポイントをおさえよう

インストラクション

◆ 学校やそれ以外のどんな場面で人の話や説明を聴く機会があるでしょうか?

〈例〉
- 高校説明会。
- 修学旅行の見学先の説明。
- 病院で病気や薬について話を聴く。

Point 部活動や塾など生徒に身近な場面に置きかえて、考えるように促す。

◆ 話の内容が理解できないと、どんなことが困ると思いますか?

〈例〉
- 勉強がわからない。
- 指示どおりやらないで先輩に怒られる。
- 病気のことがわからず、悪化する。

◆ 理解するスキルのポイントをまとめましょう。

理解するには、話の中の 事実 考え 感情 に着目します。

事実	日付、天気、○○をした、○○があった、などの事柄。
考え	その人が考えたり、想像したり、推測したりしたこと。
感情	楽しかった、悲しかった、おもしろかったなどの気持ち。

Point 「事実」から整理すると理解しやすいことを教える。

ワーク2 話の内容を整理しよう

モデリング

◆ 下のイラストやモデリングを見て、どんなことがわかりますか? 書き出してみましょう。

3か月前、右足首を負傷
転びそうになっても耐え……
○○選手金メダル!フィギュアスケート男子、日本初冬季五輪連覇 66年ぶりの偉業達成。
感動をありがとう!
すばらしい演技。

事実
- ○○選手が金メダルをとった。
- 2連覇達成。

考え
- ケガをしてショックだったと思う。
- 転びそうになって動揺したと思う。

感情
- すばらしい演技を見て感動した。
- 持ちこたえたから、ホッとした。

◆ メモしたことをもとに、自分の言葉で言いかえてみましょう。

Point 難しい言葉でなく、生徒がいつも使っている言葉で表現させるとよい。

指導のポイント

事実・考え・感情に注意しつつ、誰が・何を・どうしたかを把握し、最後は自分の言葉に置きかえます。モデリングではなるべくゆっくり話して生徒が聞き取りやすいようにしましょう。リハーサルでは、適宜メモを取ったり、確認の質問ができるように、机間巡視して、アドバイスしましょう。

ワーク3　理解するスキルの練習をしよう　（リハーサル）

◆ ペアになって、「最近楽しかった出来事」を話します。
相手に話す内容を考えてワークシートに記入しましょう。

〈例〉ぼくは自転車で友だちと隣町まで3時間かけてサイクリングしました。道がわからないとき、いろいろな人が親切に教えてくれました。疲れたけれど充実感のある1日でした。

◆ 相手の話を聴き、理解するポイントをメモしましょう。

〈例〉
事実
- ○○くんと友だちは自転車で出かけた。
- 隣町まで3時間かけて行った。
- 道に迷った。

Point　最初は箇条書きでもよいので、書き出してみる。後で、事実、考え、感情にわけてもよい。

考え
- 2人とも疲れたと思う。
- 道に迷って不安だったと思う。

Point　考えや感情は言葉に出ていなくても、事実から想像してもよい。また、自分が推測したこと（考え）と相手の気持ち（感情）が混同してしまうことがあるので、ていねいに指導する。

感情
- 体力的には疲れても、親切な人に出会ったりしたことはうれしい思い出になっただろう。
- ぼくも友だちと一緒にサイクリングに行ってみたい。

◆ 理解するスキルは、人の話を聴く以外に、どんなときに役立つと思いますか？
グループで話し合って、書き出してみましょう。

〈例〉
- 自分の頭の中を整理するとき。
- 小説を読むとき。

Point　まず事実から整理し、次に考え、感情について整理することで、複雑な話や難しい話が理解しやすくなること、自分が話すときもそれらを意識することでわかりやすく伝えられることに気づかせる。

◆ 理解するスキルを使った感想やペアの相手のよかったところなどを記入しましょう。

〈例〉・事実を先に整理すると、相手の話がわかりやすく理解できるということがわかった。

今日の授業を振り返って

◆ 理解するスキルのポイントがわかりましたか？

まったくわからない	わからない	わかった	よくわかった
①	②	③	④

◆ 今日学んだスキルを今後どんな場面で使おうと思いましたか？

〈例〉
- 読書感想文を書くとき。
- 自分が話すとき、3つのことを意識して話そうと思った。

Point　わかっていてもすぐに使えるスキルではない。まずは理解する方法を知り、習慣にすることが大事。

7つの基本スキル　学習の時期 **1年** (2年) (3年)

育つスキル

スキルマップ

5 「考える」スキル

「何かをするとき、立ち止まって考えること」の重要性をきちんと伝えます。「STOP & THINK」を合言葉にして、その後の生活に生かしていきましょう。

ワークシート **5** を使用

5分　ウォーミングアップ（授業の導入）

❶ 授業の心得・ソーシャルスキルベーシックルール（P.31参照）を確認する。
❷ 生徒に問題提起をし、教師の体験談を紹介したり、生徒に発表してもらったりする。

先生：皆さんが何かをするとき、適当に始めてうまくいかなかったり、途中で間違いに気づいたりした経験はありませんか？

アドバイス
学習面や友人関係で起こる失敗を例に挙げる。また、最近増えてきたSNSでのトラブルについてふれてもよい。

❸ 授業のテーマを伝える。

先生：もう少しよく考えて行動すれば、その失敗は防げたかもしれません。今日は「考えるスキル」を勉強します。

10分　1 インストラクション（目的を伝える）

❶ ワークシート **5** を配る。
❷ [ワーク1] 失敗するときはどんなときかをグループで話し合い、ワークシートに記入する。
❸ 何人かの生徒に発表してもらい、失敗の原因を整理する。生徒はそれをワークシートに記入する。

アドバイス
失敗するのは「性格」のせい、という意見が出てきたら、「性格」が原因でもスキルを学ぶことで防げることを教える。

感情的なこと	時間のなさ	自分の不注意
緊張していた、イライラしていた。	時間がなかった。	よく考えていなかった、ぼやっとしていた。

➡ **STOP & THINK**
立ち止まって考えよう！

❹ 今日の授業のゴールを伝える。

先生：今日のゴールは、「大きな失敗を防ぐために、立ち止まって冷静に考えられるようになる(STOP & THINK)」ことです。

2 モデリング（手本を見せる） 10～15分

❶ ワーク2 下記のイラストの場面を教師または生徒で演じてみせる。

＜場面＞友だちにメールを送ろうと思ったら…

出かける前であわてていたので、宛先をよく確かめずに間違って先輩に送ってしまった！

相手にいやな思いをさせていないかを読み返し、宛先を確認してから送った。

❷ それぞれの例を見て気がついた点をワークシートに記入する。

❸ 何人かの生徒に発表してもらい、考えるスキル(STOP&THINK)のポイントを再確認する。

> **アドバイス**
> 友だちにメールを送るときでも「STOP&THINK」の心構えで、きちんと見直すことが必要だと指導する。また、Ａのように失敗してしまった場合は、間違ったことを謝るメールを送ることも大事だと伝える。

3 リハーサル（練習する） 15分

❶ ワーク3 のイラストを見て、各場面のよくないところと、そこで考えるスキルを使った場合の展開をグループで話し合い、ワークシートに記入する。

❷ 記入した内容をもとに、考えるスキルを使った場合の展開をグループで演じてみる。グループごとに発表してもらう。

❸ スキルを練習した感想をワークシートに記入する。

> **アドバイス**
> ・友だちとのやり取りの際だけでなく、自分の将来を決めるとき、場合によっては危険な場面に遭遇したときも「STOP & THINK」で立ち止まって冷静に考えられれば、大きな失敗は防げることを強調する。
> ・グループで発表することで、同じ場面でも人によって対応の仕方が異なることを学ばせ、理解させる。

4 フィードバック（振り返る） 5～10分

授業のまとめとして、ワークシートの「振り返り」に記入する。

> **アドバイス**
> 今日のゴールをもう一度提示し、普段から行動する前に「STOP & THINK」を意識するように伝える。

次のページでワークシートの解説をします

ワークシート 5 の解説

ワークシート 5 → P.70-71
「考える」スキル

スキルマップ: 考える / 自分を知る / 観る / 気持ちに気づく / 話す / 聴く / 理解する

年 組 番 名前

ワーク1　失敗の原因について考えよう

インストラクション

◆ あなたがついうっかり失敗するときはどんなときですか？

〈例〉
- テストの問題の早とちり、名前の書き忘れ。
- 提出物の忘れ物。
- メールの誤送信。

Point
教師が自分の失敗した経験などを話すと、生徒も例を挙げやすくなる。日常生活や学校生活の中でありがちなことを思い返してみるとよい。

◆ 失敗の原因を探ってみましょう

失敗の原因は……

- 感情的なこと
- 時間のなさ
- 自分の不注意

➡ **STOP & THINK**
立ち止まって考えよう！

ワーク2　「STOP&THINK」で失敗は防げる

モデリング

◆ 下のイラストやモデリングを見て、よいところや悪いところを書き出してみましょう。

＜場面＞友だちにメールを送ろうと思ったら……。

〈例〉

A：「あ、間違えた！」「○○先輩」「ま、いっか、時間ないし。そのままにしておこう。」

- メールの宛先をよく確認しなかった。
- 間違えても、そのままにしている。
- 間違えられた人の気持ちを考えていない。

Point
モデリングを見せる際は、思考の流れや状況を生徒が理解しやすいように、心の中で思ったことも言葉にする。

B：「宛先は○○ちゃんでOK！」「○○ちゃん」「念のため、もう1回読み直してから送ろう。」

- メールを送る前に、宛先を確認している。
- メッセージも読み直してから送っている。

Point
自分の言動について考えるだけでなく、相手があるときは、相手の気持ちも考える、ということを教える。

指導のポイント

リハーサルでは、場面例に対して考えることが中心になります。グループで意見を出し合うことで、同じ場面でもさまざまな対応があることを知り、自分の考えを広げたり見直したりする機会にできるとよいでしょう。また、何かを始める前に「STOP & THINK」を心の中でつぶやくことも習慣づけるように指導しましょう。

ワーク3　考えるスキル「STOP&THINK」の練習をしよう　〔リハーサル〕

◆ 下のイラストを見て、各場面のよくないところを書き出してみましょう。
　また、考えるスキルを使った場合の展開も記入しましょう。

＜場面＞今日は英検の試験日。昨夜は緊張してよく眠れず、朝寝坊してしまった。

Point 少しの余裕を持って考えるだけで、防げることがある。自分へのデメリットと他者へのデメリットの両面に気づかせる。

〈例〉

Ⓐ
・よくないところ
　自分の不注意なのに、母親に当たっている。
・考えるスキルを使っていたら……？
　少し早めに起こしてもらえばよかったと、反省する。

Ⓑ
・よくないところ
　持ち物を確認せずにあわてて出かけてしまった。
・考えるスキルを使っていたら……？
　忘れ物はないかとチェックしてから出かける。

Ⓒ
・よくないところ
　あいさつされているのに、素通りしている。
・考えるスキルを使っていたら……？
　急いでいても、あいさつする。

Ⓓ
・よくないところ
　教室の場所を見ておくべきだった。
・考えるスキルを使っていたら……？
　受験票で場所を確認する。

Point よくないところを考えるときは性格ではなく、行動に注目するように促す。

◆ 考えるスキルを練習してみた感想を記入しましょう。

〈例〉
・自分も同じことをやってしまいがちだと思った。
・「STOP&THINK」は、言いやすいので、自分でもできそう。

Point うっかりミスは誰にでもあることだが、ちょっとした工夫で防げることに気づかせる。

今日の授業を振り返って

◆ 考えるスキル「STOP & THINK」のポイントがわかりましたか？

まったくわからない ① / わからない ② / わかった ③ / よくわかった ④

◆ 今日学んだスキルを今後どんな場面で使おうと思いましたか？
〈例〉
・英検に行くとき。　・大事な部活の試合のとき。
・友だちとケンカしそうになったとき。
・毎朝、学校に行くとき。

Point 感情的になったときも「STOP&THINK」が大切。普段の生活で合言葉にして使っていくのもよい。

7つの基本スキル

学習の時期　**1年**　2年　3年

育つスキル（スキルマップ）：考える／自分を知る／話す／観る／**気持ちに気づく**／聴く／理解する

6 「気持ちに気づく」スキル

人にはさまざまな感情が存在していること、人の「気持ち」とは言葉で言い表せない複雑なものであることを学びます。

ワークシート **6** を使用

【5分】ウォーミングアップ（授業の導入）

❶ 授業の心得・ソーシャルスキルベーシックルール（P.31 参照）を確認する。
❷ 生徒に問題提起をし、教師の体験談を紹介したり、生徒に発表してもらったりする。

> 先生：人にはさまざまな感情があります。それに気づくのはどんなときですか？　顔がほころぶと「うれしい」、心臓がドキドキすると「緊張している」とわかりますね。

アドバイス
さまざまな感情があることは自然なこと。それに自分で気づいて適切に行動することが大切であることを理解させる。

❸ 授業のテーマを伝える。

> 先生：どんな感情であれ、感じることは悪いことではありません。今日は「気持ちに気づくスキル」を勉強します。

【10分】1 インストラクション（目的を伝える）

❶ ワークシート **6** を配る。
❷ **ワーク1** 気持ちに気づくスキルを黒板に提示し、説明する。生徒はそれをワークシートに記入する。

言葉 を使って気づく	**身体** を使って気づく
●気持ちを表す言葉を知る。 ●自分の感情に合った気持ちを表す言葉を選ぶ。 ●気持ちを表す言葉を使って自分の気持ちを表す。	●身体の変化を知る。 ●気持ちによる身体の変化に気づく。

アドバイス
・「言葉」と「身体の変化」から気持ちに気づくことができるということを説明する。
・人や自分の内面を観察するときに、観るスキル（→ P.62）が使えることを伝える。また、自分の気持ちに気づくことで、他者にも自分と同じようにさまざまな感情があることを理解させる。

❸ 今日の授業のゴールを伝える。

> 先生：今日のゴールは、「自分や人の気持ちに気づき、気持ちの動きを捉えることができるようになる」ことです。

⏱10〜15分 2 モデリング（手本を見せる）

❶ ワーク2 下記のイラストの場面を教師または生徒で演じてみせる。

Aくんと友だちのBくんはともに陸上部。一緒に練習をがんばっているが、いつもBくんのほうが速い。

秋の大会は2人ともメンバー入り。Aくんはうれしくてさらに努力した。Bくんは……、いつもとかわらないようだ。

いよいよ大会当日、Aくんは努力したかいがあって全力を出し切り自己ベスト更新！

しかし、その後Bくんはもっと速い記録でゴール。そんなに練習してなかったはずなのに……。Aくんは素直に喜べなかった。

❷ Aくんの立場だったらどんな気持ちかを考え、ワークシートに記入する。

> **アドバイス**
> 感情はひとつではなく複雑であること、また、変化することなどを意識させ、自分の立場に置きかえて考えさせる。

⏱15分 3 リハーサル（練習する）

❶ ワーク3 気持ちを表す言葉を考え、ワークシートに記入する。
❷ ペアになり、上記で記入した言葉を4つの状態（喜怒哀楽）に分類し、記入する。どのような言葉があったか、何人かのペアに発表してもらう。
❸ 4つの状態（喜怒哀楽）の中からいくつか言葉を選び、その感情のとき、どのような身体の変化があるかを記入する。言葉と身体の変化から気持ちに気づくことを説明する。
❹ スキルを練習した感想をワークシートに記入し、お互いに伝え合う。

> **アドバイス**
> ・気持ちを表す言葉はできるだけ多く記入させる。同じ感情のグループでもいろいろな気持ちがあること、自分と異なる表現があることに気づかせる。
> ・どのような気持ちも感じることは悪いことではない。問題なのは、感情に振り回されることだと伝える。

⏱5〜10分 4 フィードバック（振り返る）

授業のまとめとして、ワークシートの「振り返り」に記入する。

> **アドバイス**
> 今日のゴールをもう一度提示し、自分も他者も複雑な感情を持っていることを確認する。

ワークシート 6 の解説

→ P.74-75

ワークシート6 「気持ちに気づく」スキル

スキルマップ：考える／自分を知る／話す／観る／気持ちに気づく／聴く／理解する

名前　年　組　番

Point
感情と身体の変化は生徒にわかりやすい言葉で説明する。
・緊張する＝身体が硬くなる、ドキドキする。
・恥ずかしい＝顔が赤くなる。

インストラクション

ワーク1　気持ちに気づくスキルのポイントをおさえよう

◆ 気持ちに気づくには、どこに着目するとよいと思いますか？　下にまとめてみましょう。

気持ちに気づくスキル

言葉を使って気づく
・気持ちを表す言葉を知る。
・自分の感情に合った、気持ちを表す言葉を選ぶ。
・気持ちを表す言葉を使って自分の気持ちを表す。

身体を使って気づく
・身体の変化を知る。
・気持ちによる身体の変化に気づく。

ワーク2　複雑な気持ちの変化を捉えよう

モデリング

◆ 下のイラストやモデリングを見て、あなたがAくんだったらどんな気持ちになりますか？　それぞれの場面で書き出してみましょう

〈例〉

1
・いつもBくんに追いつかなくて、くやしい。
・Bくんて才能あるなあ。それに比べてぼくは……。

2
・メンバーに選ばれてうれしい。いい記録を出せるようにがんばるぞ！

Point
場面ごとに感じる気持ちが変化していくことに気づかせる。

3
・自己ベスト更新で、うれしい。
・Aくんに勝てるかもしれない。

4
・えっ、どうして？
・Bくんの記録を素直に喜べない。

Point
否定的な感情が出てきても、それは自然なこと、また、感じ方の違いに優劣はないことなどを指摘する。

指導のポイント

モデリングでは、場面ごとの感情について推測させます。感情を理解するためには、表情や態度など非言語的な行動に着目することの重要性を指摘します。リハーサルでは、さまざまな気持ちを表す言葉を挙げさせて理解を深め、気持ちを表す言葉と身体の変化との関係に気づくよう、指導しましょう。

ワーク3　気持ちに気づくスキルの練習をしよう

（リハーサル）

◆ 気持ちを表す言葉を表に書き出してみましょう。

〈例〉

うれしい	😊	くやしい	😣😞	恥ずかしい	😞
楽しい	🙂	なさけない	😞	うんざり	😣😞
イライラ	😣	ほこらしい	🙂😊	幸せ	🙂😊
がっかり	😞	ウキウキ	🙂😊	ショック	😞
ホッとした	🙂😊	かわいそう	😞	ワクワク	🙂😊

Point　できるだけ、たくさん挙げるようにする。あまり言葉が出てこない場合は、辞書などを活用するのもよい。

◆ 上記の言葉を「喜怒哀楽」の4つの状態に分類し、上の表に記入しましょう。

喜 🙂　　怒 😣　　哀 😞　　楽 😊

Point　ひとつの状態に分類できない場合は2つ以上の状態としてもよい。

◆ 分類したグループからひとつ言葉を選び、どのような身体の変化があるか下に記入しましょう。

〈例〉

うれしい	⇒	・顔がほころぶ。・おしゃべりになる。
イライラ	⇒	・落ち着きがなくなる。・眠れなくなる。
かわいそう	⇒	・涙が出る。・肩が下がる。
わくわく	⇒	・興奮する。・笑顔になる。

Point　自分がどのような感情を抱きやすいか考えさせる。

Point　身体の変化のあらわれ方には個人差があることに気づかせる。

◆ 気持ちに気づくスキルを練習した感想を記入しましょう。

〈例〉
・すごく複雑な感情があることにも気づいた。
・自分は「イライラ」を出しやすいタイプだと思った。

Point　何となくいやな気分になるときや気持ちが晴れないとき、自分の気持ちに気づくことで気持ちが楽になることもあると伝える。

今日の授業を振り返って

◆ 気持ちに気づくスキルのポイントがわかりましたか？

①まったくわからない　②わからない　③わかった　④よくわかった

◆ 今日学んだスキルを今後どんな場面で使おうと思いましたか？

〈例〉
・今までイライラしてものや人に当たっていたことがあったけど、これからは自分の気持ちに気づいて落ち着きたい。

Point　マイナスの感情は悪いことではない、そう感じている自分に気づくことが大切だと伝える。

7つの基本スキル　学習の時期 **1年** (2年) (3年)　育つスキル

スキルマップ

7 「自分を知る」スキル

将来のことを考え、進路選択をするうえでの第一歩は「自分を知る」ことです。目標の人について掘り下げることで、自分の価値観に気づかせます。

ワークシート **7** を使用

5分　ウォーミングアップ（授業の導入）

❶ 授業の心得・ソーシャルスキルベーシックルール（P.31参照）を確認する。
❷ 生徒に問題提起をし、教師の体験談を紹介したり、生徒に発表してもらったりする。

> 先生：皆さんは自分がどのような人間なのか伝えることができますか？興味を持っていること、大切にしていること、苦手なことなど、自分の特徴を理解していますか？

❸ 授業のテーマを伝える。

> 先生：自分らしさを理解することは、友だちとかかわるときにも、自分の進路を決めるときにも大切です。今日は「自分を知るスキル」を勉強します。

アドバイス
自分を知ることは、自分を認めることであり、同時に他者を認めることにもつながることを伝える。

10分　1 インストラクション（目的を伝える）

❶ ワークシート **7** を配る。
❷ **ワーク1** 自分を知るスキルを黒板に提示し、説明する。生徒はそれをワークシートに記入する。

自分を知る＝ "自分らしさ" について考えること

自分らしさ ← 特徴：自分の性格・能力
　　　　　　 個性：興味・価値観（何に興味を持っているか、何を大切にしているか）

アドバイス
「自分を知るためには、自分の感情、考えていること、好みなどに目を向けて、見つめ直すことが必要です」と、自分自身の内面を観察することへと導く。観るスキル（→P.62）や気持ちに気づくスキル（→P.74）が使えることも伝える。

❸ 今日の授業のゴールを伝える。

> 先生：今日のゴールは、**「自分がどのようなことに興味を持ち、何を大切にしているのかを知る」**ことです。

2 モデリング（手本を見せる） 10〜15分

❶ ワーク2 教師（授業者）の特徴と個性について、生徒が思いつくことをワークシートに記入する。

❷ 教師は自分の特徴と個性を挙げていき、その過程で自分らしさに気づいていくことを示す。

アドバイス
- 「自分らしさ」とは、自分のよいところや苦手なところ、大切にしていることなど、すべてを含んだものであると説明する。
- 性格や能力はネガティブな表現を使いがちなので、ポジティブな表現に捉え直すことができることもアドバイスする。例えば「大雑把、雑な」性格なら「大胆、大らかな」性格と捉えることができる。

❸ 生徒が書いたものと教師自らが挙げたものとは異なる点があることを確認する。

3 リハーサル（練習する） 15分

❶ ワーク3 自分の性格、得意なこと、苦手なことなどを記入する。
❷ 目標としている人や尊敬する人を挙げ、その理由を記入する。
❸ ペアになり、それぞれ自分の個性や特徴を発表し合う。
❹ ペアの人から自分の特徴や個性を聞き、自分では気づかなかった「自分らしさ」を知る。

アドバイス
- 尊敬する人やその理由が自分が大切にしていること（価値観など）につながっていることを伝える。
- 特徴や個性の違いに優劣はなく、違いでしかないことを説明する。それらをお互いに認めることが大切であることを説明する。

4 フィードバック（振り返る） 5〜10分

授業のまとめとして、ワークシートの「振り返り」に記入する。

アドバイス 今日のゴールをもう一度提示し、自分を知ることは、進路など将来のことを決めていく際にも重要だと伝える。

次のページでワークシートの解説をします

ワークシート 7 の解説

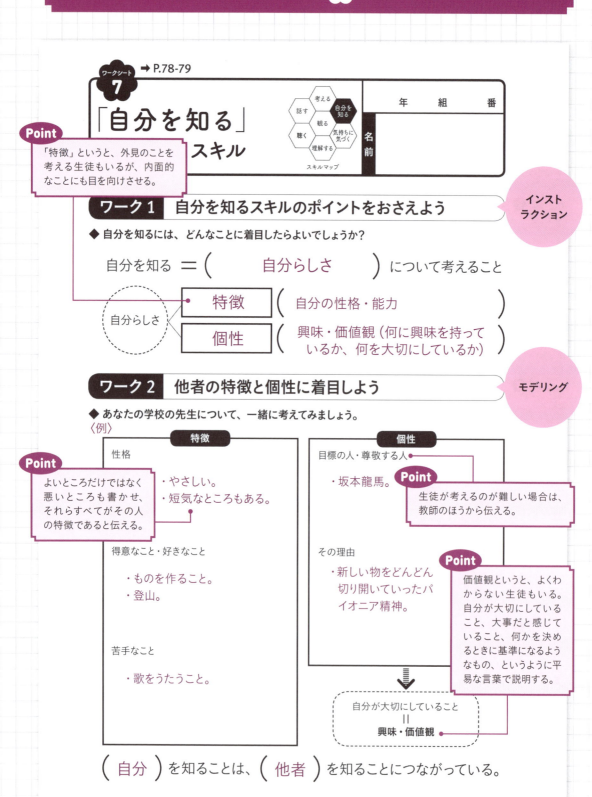

指導のポイント

生徒の特徴や個性については、誰からも否定されず、認められるように肯定的にかかわりましょう。短所は悪いところではなく、長所と表裏一体であることにも気づかせます。また、ロールモデルを挙げることで、自分が大切にしている価値観を理解できます。生徒の自己理解だけでなく、教師の生徒理解にもつながります。

ワーク3　自分を見つめ直してみよう

Point：目標とする人は実在しない人（小説・アニメの登場人物）でもよいことも伝える。

リハーサル

◆ 自分の特徴や個性について考え、下に記入しましょう。

〈例〉

特徴

性格
- 明るく、前向き。
- 活動的だけれど、無てっぽう。

Point：自分の性格について、恥ずかしがらずに書き、仲間同士でそれを肯定的に受け止める雰囲気を作る。

得意なこと・好きなこと
- サッカー。
- ゲーム。
- みんなでわいわい過ごすこと。

苦手なこと
- 整理整頓。
- 計画性を持ってやること。

Point：生徒が書いた肯定的・否定的な記述内容や記述量をよく見ることで、その生徒の理解を深めることができる。

個性

目標の人・尊敬する人
- ○○選手。

その理由
- 目標に向かって努力し続けるところ。
- チャレンジ精神旺盛なところ。

↓

自分が大切にしていること ＝ 興味・価値観

◆ ペアで発表し合い、相手について新たに知ったことを記入しましょう。

〈例〉
- ○○くんは、我慢強い人だと思っていたけど、自分ではそう思っていなくて驚いた。
- ○○さんの目標にする人を知って、○○さんをもっと理解できた。

◆ ペアの人からもあなたの特徴や個性を聞いて、記入しましょう。

〈例〉
- 粘り強い。
- 我慢強い。
- 友だちにやさしい。

Point：自分のことは気づきにくい。話し合うことで、相手に気づかせてもらうこともあると指摘する。

今日の授業を振り返って

◆ 自分を知るスキルのポイントがわかりましたか？

まったくわからない ①　わからない ②　わかった ③　よくわかった ④

◆ 今日学んだスキルを今後どんな場面で使おうと思いましたか？

〈例〉
- クラスがえしたときの自己紹介カードを書くとき。
- 将来の進路を考えるとき。

Point：スポーツなどをやっている生徒はロールモデルを持ちやすいが、そうでない生徒もいる。スキルを学ぶことで、どんな人に憧れるか、どんな人になりたいかを考える機会にするとよい。

2章　授業実践編　基本スキル　7「自分を知る」

応用スキル①

集団生活に必要なスキル

中学校生活の中で、周囲の人と同じ目標に向かってがんばったり、共同作業をしたりするために必要なスキルです。授業や学級活動、行事、部活動など、さまざまな場面で活用できます。

学校生活だけでなく社会に出てからも必要

中学生になると、学級や学年だけでなく、部活動や委員会など、さまざまな集団の一員として、周囲の人と意思疎通をはかりながら、協力して活動する機会が増えてきます。そのとき必要になるのが、「気持ちよいあいさつ・自己紹介をするスキル」「質問するスキル」「説明するスキル」「グループで協力して活動するスキル」「ひとつのテーマで話し合うスキル」「他者を尊重するスキル」です。

これらのスキルは、社会に出て働くときにも必要になります。義務教育のゴールでもある中学生のうちに、身につけておきたいスキルです。

8 気持ちよいあいさつ・自己紹介をするスキル

人と人とのコミュニケーションはあいさつから始まるといっても過言ではありません。また、初対面の人には、まず自己紹介をすることが、相手とかかわるきっかけになります。あいさつや自己紹介がきちんとできていなかったり、できていたとしても、言い方や態度が相手や状況に合っていなかったりすれば、相手に与える印象は悪くなります。周囲の人とよい関係を作っていくためには、**しっかりあいさつ・自己紹介ができるスキル**が必要です。中学生のうちに、自然とできる習慣を身につけられるよう指導しましょう。

▶▶ P.84〜87

9 質問するスキル

相手の意見や考えを理解するために、わからないことや気になることを伝えるスキルです。このスキルを使えるようになれば、勘違いや理解不足によるトラブルや失敗を防ぐことができます。自分が何について疑問に思っているのか、なぜそのような疑問を持つのかを整理してわかりやすく伝え、上手に質問するよう指導しましょう。

▶▶ P.88〜91

10 説明するスキル

自分の考えや気持ちを正しく伝えるために必要なスキルです。質問するスキルとは逆の立場で使います。**話す内容や順序に気を配ることだけでなく、言いたいことが伝わっているかどうか、相手をよく観察して意識する**必要があることを指導しましょう。

▶▶ P.92〜95

11 グループで協力して活動（計画・実行・協力）するスキル

授業でも行事でも、中学校生活のさまざまな場面で必要なスキルです。社会に出て仕事をする際にも、このスキルを使います。

ひとつの目標に向かって、計画を立てて実行するまでの手順と、周囲と助け合いながら、「協力する」ことが重要となってくることを指導します。

▶▶ P.96〜99

12 ひとつのテーマで話し合うスキル

複数の人が集まれば、それぞれが持っている考えや感情は違います。そういった異なる思考を持つメンバーがいっしょに生活し、活動するためには、話し合って、意見をすり合わせることが大切です。**話し合いのルールを守り、お互いが意見を出し合って、何らかの課題や問題の解決策を導き出す方法**を学びます。

▶▶ P.100〜103

13 他者を尊重するスキル

集団生活をするうえで知っておくべきことは、「人はみな、違う」ということです。そのうえで、「違っていていいんだ」とその違いを認められることが、人を尊重するということになります。**自分が大切にしていることがあるように、他の人にも同じように大切にしていることがある**ことを理解し、認めるということを伝えていきましょう。

▶▶ P.104〜107

応用スキル
集団生活に必要なスキル　　学習の時期　1年　(2年)　(3年)

必要なスキル

8 「気持ちよいあいさつ・自己紹介をする」スキル

お互いが気持ちよく過ごせるようなあいさつのポイントをおさえます。思春期ならではの気恥ずかしさがある子どもたちに対して、ていねいに指導しましょう。

ワークシート 8 を使用

5分　ウォーミングアップ（授業の導入）

❶ 授業の心得・ソーシャルスキルベーシックルール（P.31参照）を確認する。
❷ 生徒に問題提起をし、教師の体験談を紹介したり、生徒に発表してもらったりする。

先生：あいさつは大切だといわれていますが、なぜだと思いますか？

❸ 授業のテーマを伝える。

先生：あいさつはコミュニケーションの基本です。あいさつをされるとうれしくなりませんか？　それは、あいさつが相手によい印象を与え、さらに相手の存在を認める行為だからです。今日は「気持ちよいあいさつをするスキル」と、人と仲よくするきっかけとなる「自己紹介をするスキル」を勉強します。

10分　1　インストラクション（目的を伝える）

❶ ワークシート 8 を配る。
❷ ワーク1　どのようなあいさつが「気持ちのよいあいさつ」になるのか、ワークシートに記入し、グループで意見を出し合う。
❸ グループごとに発表する。生徒の意見をまとめながら、「気持ちよいあいさつ」のポイントを黒板に提示する。生徒はそれをワークシートに記入する。

声	表情	態度	言葉
大きな声で、はっきりと。	笑顔で。	相手に体を向ける、目を見る、ふざけない。	相手に合わせた言葉づかい。

アドバイス
あいさつは自分から積極的にすることも大切であると伝える。相手に合わせた言葉づかいは、友だち、先生、年上の人、初めて会う人などの場合を説明する。

❹ 自己紹介でどんなことを伝えればよいかをグループで意見を出し合い、発表する。

❺ 生徒の意見をまとめながら、自己紹介のポイントを提示する。生徒はそれをワークシートに記入する。

> 1 名前を言う。
> 2 自分について知ってもらいたいこと（趣味・得意なこと）を言う。
> 3 2についてくわしく説明する。
> 4 最後に「よろしくお願いします」と言う。

❻ 授業のゴールと必要なスキルを説明し、ワークシートのスキルマップに色を塗らせる。

先生：今日のゴールは「人と仲よくなれるきっかけを作り、よりよい人間関係を築けるようになる」ことです。基本スキルの「話す」「考える」「自分を知る」スキルが大切になります。

2 モデリング（手本を見せる） 10〜15分

❶ ワーク2 のイラストの様子を教師または生徒で演じてみせる。
＜場面＞入学したばかりの学校の新しいクラスで自己紹介する。

A こんちは、夏目太郎っす。趣味はないっす。どうも。

B こんにちは。はじめまして。ぼくの名前は夏目太郎です。特技は空手です。3歳から始めて、今は初段です。今年中に2段の試験に合格したいです。よろしくお願いします！

❷ それぞれの例を見て、気がついた点をワークシートに記入する。

アドバイス：自己紹介のポイント1〜4はどの部分だったかを確認する。また、内容だけでなく、声の大きさ、表情、態度などにも注目させる。

3 リハーサル（練習する） 15分

❶ ワーク3 の自己紹介欄に内容を記入する。
❷ グループになり、記入した内容をもとに、あいさつと自己紹介の練習をする。
❸ お互いによかった点などを話し合い、ワークシートに記入する。

アドバイス：
・声・表情・態度・言葉づかいに気をつけて、自己紹介の内容が相手によく伝わるように促す。
・「社会に出ると、人と協力して何かをする機会が増えてきます。初めて出会う人と、よい関係を作って、自分の力を生かせるよう、スキルを上手に使ってください」のように、このスキルの生かし方を伝える。

4 フィードバック（振り返る） 5〜10分

授業のまとめとして、ワークシートの「振り返り」に記入する。

アドバイス：今日のゴールをもう一度提示し、あいさつを自分から積極的に行うことが、よい人間関係を作るポイントになることを伝える。

次のページでワークシートの解説をします

ワークシート 8 の解説

ワークシート 8 → P.84-85

「気持ちよいあいさつ・自己紹介をする」スキル

スキルマップ：考える／自分を知る／話す／観る／気持ちに気づく／聴く／理解する

年　組　番　名前

ワーク1　あいさつ・自己紹介のスキルのポイントをおさえよう　〔インストラクション〕

◆ どのようにあいさつをすれば「気持ちよいあいさつ」になると思いますか？

〈例〉
- 元気よくする。
- 笑顔でする。
- 大きな声でする。
- 相手の目を見てする。
- ていねいな言葉づかいでする。

Point　日常生活の中で自分がされたらうれしい、気持ちのよいあいさつを考えさせる。

◆ 気持ちよいあいさつのポイントをまとめましょう。

- 声は…　大きな声で、はっきりと。
- 表情は…　笑顔で。
- 態度は…　相手に体を向ける、目を見る、ふざけない。
- 言葉は…　相手に合わせた言葉づかい。

Point　生徒から出た意見も活用する。

◆ 自己紹介で伝えることを整理しましょう。

❶ 名前を言う。

❷ 自分について知ってもらいたいこと（趣味・得意なこと）を言う。

❸ 自分について知ってもらいたいことをくわしく説明する。

❹ 最後に「よろしくお願いします」と言う。

◆ 気持ちよいあいさつ・自己紹介をするスキルに必要な基本スキルを考え、上のスキルマップを塗りましょう。

ワーク2　言葉づかいや態度に着目しよう　〔モデリング〕

◆ A と B のイラストやモデリングを見て、よいところや悪いところを書き出してみましょう。

〈場面〉入学したばかりの学校の新しいクラスで自己紹介する。

A　こんちは、夏目太郎っす。趣味はないっす。どうも。

〈例〉
- 声が小さい
- 姿勢が悪い
- よそを向いている
- 無表情
- 言葉づかいがよくない

Point　悪い点が挙げられたら、どうすればよくなるかを考えさせる。

指導のポイント

リハーサルでは、①声＝大きな声ではっきりと、②表情＝笑顔で、③態度＝ふざけない、相手に体を向けて目を見る、④言葉＝相手に合わせた言葉づかい、などのポイントをグループ内で互いにチェックし合います。自己紹介は、態度面がきちんとできていれば相手によい印象を与えられることを指導しましょう。

B：こんにちは。はじめまして。ぼくの名前は夏目太郎です。特技は空手です。3歳から始めて、今は初段です。今年中に2段の試験に合格したいです。よろしくお願いします！

〈例〉
・はっきりとした大きな声。
・相手に体を向けている。
・笑顔で姿勢がよい。
・ていねいな言葉を使っている。

ワーク3　あいさつ・自己紹介をするスキルの練習をしよう　　リハーサル

◆ 自己紹介する内容を書き出しましょう。

〈例〉

あいさつ
　こんにちは。はじめまして。

名前
　ぼくの名前は夏目太郎です。

知ってもらいたいこと
　特技は空手です。

詳しく説明
　3歳から始めて、今は初段です。
　今年中に2段の試験に合格したいです。

結びの言葉
　どうぞよろしくお願いします。

Point　自己紹介の内容を考えるときは自分の好きなこと大切にしていることを挙げるなど、自分を知るスキル（→ P.78）を合わせて使うとよい。

Point　練習をするときは、記入したものを見ないで、相手の顔を見て、話すよう促す。相手に合わせた言葉づかいにするなど、話すスキル（→ P.58）を使うとよい。

◆ グループで自己紹介をし、よかった点やもっとこうしたほうがよくなる点などを話し合って記入しましょう。

〈例〉
＿＿○○＿＿さん　・1文1文を区切って言ったほうがわかりやすい。

＿＿△△＿＿さん　・楽しそうに特技を話しているのがよかった。

今日の授業を振り返って

◆ 気持ちよいあいさつ・自己紹介をするスキルのポイントがわかりましたか？

まったくわからない ① 　わからない ② 　わかった ③ 　よくわかった ④

◆ 今日学んだスキルを今後どんな場面で使おうと思いましたか？

〈例〉
・新しいクラスになったとき。
・職場体験に行くとき。

Point　初めて出会う人に自分を知ってもらうために必要なスキルなので、職場体験など、学校以外の人とふれあう機会を利用して指導してもよい。

応用スキル
集団生活に必要なスキル

学習の時期 **1年** 2年 3年

必要なスキル

スキルマップ

9 「質問する」スキル

質問するときにもポイントがあることを指導します。質問すると相手も話しやすくなり、コミュニケーションがスムーズに進むことに気づかせましょう。

ワークシート **9** を使用

5分 ウォーミングアップ（授業の導入）

❶ 授業の心得・ソーシャルスキルベーシックルール（P.31参照）を確認する。
❷ 生徒に問題提起をし、教師の体験談を紹介したり、生徒に発表してもらったりする。

先生：人の話を聴いて、わからないことがあったら質問しますよね。では、どんな質問の仕方がよいのか、考えたことはありますか？

❸ 授業のテーマを伝える。

先生：質問の仕方をちゃんと学ぶ機会はなかなかないですね。今日は「質問するスキル」を勉強します。

アドバイス
質問することで、相手の話をよく聴いて理解しようとしていることや、相手に興味があることを示すことができると伝える。

10分 **1** インストラクション（目的を伝える）

❶ ワークシート **9** を配る。
❷ **ワーク1** 質問するスキルのポイントを黒板に提示し、説明する。生徒はそれをワークシートに記入する。

質問の内容	質問の理由
5W1H（いつ、どこで、だれが、何を、なぜ、どのように）に沿って質問の内容を言葉にする。	なぜそう思ったのか質問の意図を伝える。

アドバイス
5W1Hに沿った質問内容がわかりやすい。質問するときは、その場に適した言葉づかいや態度に気をつけるなど、話すスキル（→ P.58）が重要であることを指摘する。説明するスキル（→ P.92）と表裏一体であることにもふれる。

❸ 授業のゴールと必要なスキルを説明し、ワークシートのスキルマップに色を塗らせる。

先生：今日のゴールは、**「相手の話を理解するために、自分がわからないことや気になることを伝えられるようになる」**ことです。基本スキルの**「聴く」「話す」「考える」「理解する」**スキルが大切になります。

2 モデリング（手本を見せる） 10~15分

❶ ワーク2 下記のイラストの場面を教師または生徒で演じてみせる。
＜場面＞グループで行く校外学習の話し合いで、これからすべきことの説明を聞く。

アドバイス
モデリングは以下のように演じ、よい点、悪い点に気づかせる。A＝説明をよく聴かず「わかりません」という。B＝説明の途中で話をさえぎる。あいまいな質問をする。C＝話し合いに参加していない。D＝話すスキルの態度を強調し、質問する順序を守っている。

❷ 例を見て気がついた点をワークシートに記入する。
❸ 何人かの生徒に発表してもらい、質問するスキルのポイントを再確認する。

3 リハーサル（練習する） 15分

❶ ワーク3 の各場面について、質問する内容を考え、ワークシートに記入する。
❷ ペアになり、質問する役と説明する役を決め、質問するスキルの練習をする。
❸ 質問する役と説明する役を交代する。
❹ 相手のよかったところなどスキルを練習した感想をワークシートに記入する。

アドバイス
以下の点に気づかせる。
・相手に不快な思いをさせないように、自分が知りたいことをわかりやすく聞く。
・質問する人の態度によって同じ質問でも相手が受ける印象がかわる。
・質問があったほうが話している人も話しやすくなり、コミュニケーションが取りやすくなる。

4 フィードバック（振り返る） 5~10分

授業のまとめとして、ワークシートの「振り返り」に記入する。

アドバイス
今日のゴールをもう一度提示し、質問することで、コミュニケーションが誤解なくスムースに進むことを伝える。

次のページでワークシートの解説をします

ワークシート ❾ の解説

ワーク1　質問するスキルのポイントをおさえよう

インストラクション

◆ 質問するスキルのポイントをまとめましょう。

| 質問の内容 | （ 5W1H に沿って質問の内容を言葉にする。 ） |
| 質問の理由 | （ なぜそう思ったのか質問の意図を伝える。 ） |

Point　質問の理由とは、相手の話に「興味を持ったから」「もっと知りたいと思ったから」など、どうしてその質問に至ったかということだと説明する。

◆ 質問するスキルに必要な基本スキルを考え、上のスキルマップを塗りましょう。

ワーク2　場面に合う質問の仕方を考えよう

モデリング

◆ 下のイラストやモデリングを見て、よいところや悪いところを書き出してみましょう。

＜場面＞グループで行く校外学習の話し合いで、これからすべきことの説明を聞く。

Point　今までに習ったスキルを意識して、どんなスキルができているか、あるいはできていないかを考えさせる。

〈例〉

Aさん
・理解しようとする姿勢が感じられない。
・関心がない。

Bさん
・質問が具体的でない。
・先生のじゃまをしている。
・自分勝手。
・聴くスキルがない。

指導のポイント

適切に質問をすることによって、自分がほしい情報を得られることに気づかせます。各自工夫して自分なりの質問の仕方を身につけるのもよいでしょう。また、自分が聞きたいことばかり質問するのではなく、相手が話しやすくなるように質問することの重要性も指導しましょう。

Cさん
- 別のことを考えている。
- 参加していない。

Dさん
- 相手の都合を聞いている。
- 質問することがちゃんと整理されている。
- 理由も言っているのがよい。

Point 質問がうまくできると、コミュニケーションが円滑にできることに気づかせる。

ワーク3　質問するスキルの練習をしよう　〔リハーサル〕

◆ 下記の場面では、どのような質問をしたらよいでしょうか？

＜場面1＞この前観たドラマがおもしろかったと話をする友だちに質問する。

〈例〉
- 私も観てみたいと思ったんだけど、いつ放送されているの？
- どういうストーリーなの？
- 誰が出ているの？　主役は誰？
- どんなところがおもしろいの？

Point なぜ質問したのか質問の理由が含まれていることに気づかせる。

Point 話を聴くとき、質問を考えるとき、質問をするときなど、どんなスキルを使うかを意識するように促す。

＜場面2＞部活の先輩から今日の練習のまとめ役を頼まれた。内容は「いつもどおり」と言われたが、自信がないので質問する。

- 今日は顧問の○○先生は、いらっしゃいますか？
- 場所は、いつもどおり第2グラウンドですか？
- 時間は○時～○時でいいですか？
- 基礎練習10分と、○○を40分やろうと思いますが、いいですか？

Point 質問の内容が具体的なほうが、相手が答えやすくなることを指摘する。特に、物事を確認するための質問はYESかNOで答えやすいものにするとよい。

◆ ペアになり、記入した内容をもとに交代で質問する練習をしましょう。練習した感想や相手のよかったところを記入しましょう。

〈例〉
- きちんと目を見て、質問していたのがよかった。
- 質問が短くて、わかりやすかった。
- 時間や場所など5W1Hの内容に沿っていた。
- 自分の話に興味を持ってくれたことがわかってうれしかった。

Point 質問をされたとき、どんな気持ちがしたかも考えさせる。

今日の授業を振り返って

◆ 質問するスキルのポイントがわかりましたか？

① まったくわからない　② わからない　③ わかった　④ よくわかった

◆ 今日学んだスキルを今後どんな場面で使おうと思いましたか？

〈例〉
- 授業中、質問するとき。
- 友だちが旅行に行ったときの話を聞くとき。

Point 質問することは、知りたいことを知るだけでなく、その内容やその人に関心があることを伝える方法でもあると伝える。

応用スキル
集団生活に必要なスキル　学習の時期 **1年** (2年) (3年)　必要なスキル

10 「説明する」スキル

スキルマップ
ワークシート **10** を使用

相手に不快な思いをさせずに、自分の伝えたいことを正確に説明するスキルを身につけます。同時に、言葉にする難しさにも気づくように指導しましょう。

5分 ウォーミングアップ（授業の導入）

❶ 授業の心得・ソーシャルスキルベーシックルール（P.31参照）を確認する。
❷ 生徒に問題提起をし、教師の体験談を紹介したり、生徒に発表してもらったりする。

> 先生：友だちに自分の伝えたいことを言うとき、授業中みんなの前で発表するとき、説明することの難しさを感じたことはありませんか？

❸ 授業のテーマを伝える。

> 先生：今日は「説明するスキル」を勉強します。説明するスキルは質問するスキルと表と裏の関係で、深くかかわっています。

アドバイス
先に質問するスキル（→P.88）を学習したほうが生徒の理解が得やすい。

10分 1 インストラクション（目的を伝える）

❶ ワークシート **10** を配る。
❷ **ワーク1** 説明するスキルのポイントを黒板に提示し、説明する。生徒はそれをワークシートに記入する。

説明の内容	説明する理由	理解の確認
● 5W1Hに沿って、説明する。 ● 内容を整理して言葉にする。	● 何を説明するのか、説明する理由は何かを明確にし、説明する順序を考える。	● 相手の表情や動作を観て、伝わったかを確認する。

アドバイス
ただ言葉にするのではなく、相手に伝わる言葉を選んで説明することが大切だと指導する。

❸ 授業のゴールと必要なスキルを説明し、ワークシートのスキルマップに色を塗らせる。

> 先生：今日のゴールは**「誤解や間違いのないように、自分の考えや気持ちを説明できるようになる」**ことです。基本スキルの**「考える」「話す」「観る」**スキルが大切になります。

⏱10〜15分 2 モデリング（手本を見せる）

❶ ワーク2 下記のイラストの場面を教師または生徒で演じてみせる。

＜場面＞先生からストップウォッチを片づけてくるように言われ、体育館に向かっていたら、先輩に呼び止められた。

❷ それぞれの例を見て気がついた点をワークシートに記入する。
❸ 何人かの生徒に発表してもらい、説明するスキルのポイントを再確認する。

> **アドバイス**
> モデリングは以下のように演じる。A＝理由を説明しないので、相手は断られたと誤解してしまう。B＝はっきり説明しないので、そのまま話を聴くことになる。C＝説明する順序を守って話すスキルの態度も意識する。

⏱15分 3 リハーサル（練習する）

❶ ワーク3 ＜グループ活動＞代表者は、下記の文章を1文ずつ読み上げる。

「空には月が浮かんでいる。目の前に家が1軒建っている。家の横には大きな木があり、犬がいる。家の裏手には池があり、水鳥が羽を休めている。遠くには山々が連なり、渡り鳥の群れが山々を越えていく。」

❷ 代表者以外は、聴いた文章から連想する絵をワークシートに記入する。最後の文章まで絵が描けたらそれぞれの絵を見せ合い、感想を話し合う。
❸ ＜ペア活動＞「最近知ったスゴイこと！」をワークシートに記入し、相手に説明する。
❹ スキルを練習した感想をワークシートに記入する。

> **アドバイス**
> ❶では、同じ説明を聴いても受け取り方が違うことに気づき、言葉で伝える難しさを体験できる。絵を描くときは相談しないで描くよう指導する。

⏱5〜10分 4 フィードバック（振り返る）

授業のまとめとして、ワークシートの「振り返り」に記入する。

> **アドバイス**
> 今日のゴールをもう一度提示し、相手にいやな思いをさせないように伝えることで、お互いの関係がよくなることに気づかせる。

次のページでワークシートの解説をします

ワークシート10の解説

ワーク1　説明するスキルのポイントをおさえよう

◆ 説明するスキルのポイントをまとめましょう。

説明の内容	5W1Hに沿って、説明する。内容を整理して言葉にする。
説明する順序	何を説明するのか、説明する理由を明確にする。
理解の確認	相手の表情や動作を観て、伝わったかを確認する。

Point
説明するためには、相手の立場を考え、自分が言いたいことは何か、どの順序で伝えるのがよいかを考えて、整理することが必要。

◆ 説明するスキルに必要な基本スキルを考え、上のスキルマップを塗りましょう。

ワーク2　説明の仕方について考えてみよう

◆ 下のイラストやモデリングを見て、よいところや悪いところを書き出してみましょう。

〈場面〉先生からストップウォッチを片づけてくるように言われ、体育館に向かっていたら、先輩に呼び止められた。

〈例〉

A
・どんなに急いでいても、ちゃんと止まって話したほうがよい。
・よそを向いたままで話すのは失礼。

B
・態度があいまい
・都合が悪いならはっきりそう言うべき。

C
・ていねいな言葉づかいがよい。
・時間の目安を伝えているのがよい。

Point
スキルのポイントが使えているかを意識させるとよい。

指導のポイント

言葉にして説明することで、相手に自分の真意が伝わることを理解させます。リハーサルでは、説明するスキルを工夫すると、より的確な情報を伝えられることを体験させます。一方で、説明を尽くしても相手には理解してもらえない部分があること、言語的なコミュニケーションに限界があることにも気づかせましょう。

ワーク3　説明するスキルの練習をしよう　〈リハーサル〉

◆ グループの代表者から聴いたイメージを絵にしてみましょう。

〈例〉

Point　月、家、木など、人によってイメージは異なり、描く位置も異なる。同じ言葉を聴いても受け取り方が違い、誤解が生じることも理解させる。

Point　最後の文章についての絵が描き終わるまでは、お互いの絵を見ないように指示する。

Point　絵が苦手な生徒もいて、絵を描くのをいやがる場合もある。絵のうまさを競うものでなく、受け取り方を見るものだと伝える。

◆ 「最近知ったスゴイこと」を思い浮かべ、下記に記入しましょう。

〈例〉
- となりの家のおじいさんは、80歳になってから、孫にスマホの使い方を習い、今では使いこなしている。
- となりの家の猫は人間のトイレで用を足している。

Point　練習するときは、話すスキルを使い、話す内容を整理し、その場に適した態度をとるように促す。説明するときは、相手はその内容を知らないということを意識するよう、伝える。

◆ ペアになり、記入した内容をもとに交代で説明する練習をしましょう。練習した感想や相手のよかったところを記入しましょう。

〈例〉
- 話す順序がわかりやすかったので、情景が目に浮かんだ。
- 楽しそうに話していたので、聞きたくなった。

Point　なぜよかったのか、表現の仕方なのか、説明の順序なのかなど、説明するスキルのポイントを意識してその理由を考えさせる。

今日の授業を振り返って

◆ 説明するスキルのポイントがわかりましたか？

① まったくわからない　② わからない　③ わかった　④ よくわかった

◆ 今日学んだスキルを今後どんな場面で使おうと思いましたか？

〈例〉
- 運動会で学年種目の説明をするとき。
- 移動教室の実行委員会でクラスレクのやり方を説明するとき。

Point　相手が理解できたかどうかは、相手の表情や動作を観れば確認できることを伝える。

2章　授業実践編　応用スキル　10「説明する」

応用スキル
集団生活に必要なスキル　学習の時期 **1年** 2年 3年

11 「グループで協力して活動（計画・実行・協力）する」スキル

必要なスキル

スキルマップ

学校行事など、多くの場面で必要となるスキルです。遠足や修学旅行、球技大会など、実際の計画を立てる際の事前指導として行うのもよいでしょう。

ワークシート **11** を使用

5分　ウォーミングアップ（授業の導入）

❶ 授業の心得・ソーシャルスキルベーシックルール（P.31参照）を確認する。
❷ 生徒に問題提起をし、教師の体験談を紹介したり、生徒に発表してもらったりする。

先生

> 皆さんは、今までにどんな計画を立てたことがありますか？
> また、計画を立てたけれど、うまくいかなかった経験はありますか？

❸ 授業のテーマを伝える。

先生

> 日常生活の中でも、社会に出てからも、人と協力して、計画的に何かを行う機会があります。今日は「グループで協力して活動するスキル」を勉強します。

アドバイス
試験勉強の計画を立てたけど無理があった、学年で球技大会の計画を立てたが、約束を守らない人がいてトラブルになった、などの例を紹介する。

10分　1 インストラクション（目的を伝える）

❶ ワークシート **11** を配る。
❷ ワーク1　計画がうまくいかなかった原因を考え、ワークシートに記入する。
❸ 計画から実行までの流れを黒板に提示し、説明する。生徒はそれをワークシートに記入する。
　＜PDCAサイクル＞計画を立てて実行し、計画が実行できているかをチェックし、不具合があれば修正して、また実行する。
❹ 授業のゴールと必要なスキルを説明し、ワークシートのスキルマップに色を塗らせる。

アドバイス
PDCAサイクルで目標が明確になり、修正しながら実行することでよい方向へ向かうことを伝える。

先生

> 今日のゴールは**「グループで目標を持って、お互いを尊重しながら、計画・実行・協力できるようになる」**ことです。基本スキルの**「聴く」「話す」「考える」「理解する」**スキルが大切になります。

2 モデリング（手本を見せる）

❶ ワーク2 計画を立てて実行するスキルの手順を黒板に提示し、説明する。

<遠足班行動の実地調査をする場合>

GOAL

8 不具合があれば計画を修正する
期限を決めて計画をチェックし、不具合があれば計画を修正して、また実行する。

7 目標に向けて実行する

6 役割分担する（誰が、何を、いつまでに）
誰が、何を、いつまでにするかを具体的に決める。

4 TO DO リストの手順を考えて並べ直す
どのような順番で行うか考える。

5 予想される問題点を挙げ、対策を考える
・当日雨が降る。
・交通機関に遅れが出る。
・体調が悪い人が出る。
・忘れ物をする。

3 TO DO リストを作る
・班行動のコースを決める。
・現地までの交通機関と料金を調べる。
・見学場所を調べる。
・危険な箇所がないか確認する。 etc.

2 目標（ゴール）と期限を決める
班行動が安全にできるように地図やインターネットを利用して、実施のひと月前までにシミュレーションする。

1 目的を決める
遠足の班行動を安全に実施する。

START

❷ グループで計画を立てるときの留意点をワークシートに記入し、何人かの生徒に発表してもらう。

> **アドバイス**
> 計画を立てるときに大切なのはグループで協力することだと指導する。そのためには、「全員が目的を意識する」こと、「責任を持って役割を果たす」ことが必要であると伝える。

3 リハーサル（練習する）

❶ ワーク3 グループになり、「修学旅行2日目の班行動」の計画をワークシートに記入する。時間があればグループで協力して計画を立てた感想を発表してもらう。

> **アドバイス**
> ・TO DO リストを作る際は、ふせんを使うと順番を入れかえやすく便利。
> ・計画どおりにいかなかったとしても、修正しながらあきらめずに実行することが大切だと伝える。

4 フィードバック（振り返る）

授業のまとめとして、ワークシートの「振り返り」に記入する。

> **アドバイス**
> 今日のゴールをもう一度提示し、学校生活でも社会でも大切なスキルであることを伝える。

次のページでワークシートの解説をします

ワークシート 11 の解説

→ P.96-97

ワークシート 11 「グループで協力して活動（計画・実行・協力）する」スキル

年 組 番 名前

ワーク1 計画→実行までの流れを知ろう

インストラクション

◆ 計画がうまく実行できなかった経験を思い出し、その原因を書き出してみましょう。

〈例〉公園のそうじのボランティアをしようと計画したが、実施日がなかなか決まらなかったので、みんなの予定がつかなくて結局できなかった。

◆ 計画を立ててから、実行するまでの流れを確認しましょう。

PLAN 計画を立てる
DO 実行する
CHEK 計画を立てる
ACTION 改善する
PDCAサイクル

Point
このスキルは、学校行事や試験勉強の計画を立てるほか、社会に出て仕事をするうえでも必要なこと、グループだけでなく、個人の計画にも使えることを伝える。

◆ グループで協力して活動するスキルに必要な基本スキルを考え、上のスキルマップを塗りましょう。

ワーク2 計画の立て方を学ぼう

モデリング

◆ 計画を立てて実行するまでの具体的な手順をまとめましょう。

GOAL
8 不具合があれば計画を修正する
7 目標に向けて実行する
6 役割分担する（誰が、何を、いつまでに）
5 予想される問題点を挙げ、対策を考える
4 TO DOリストの手順を考えて並べ直す
3 TO DO リストをつくる
2 目標（ゴール）と期限を決める
1 目的を決める
START

Point
TO DOリストは、ふせんに書き、やるべきこととその順序をワークシートに並べて、操作しながら考えるとわかりやすい。

◆ グループで計画を立てるときに気をつけることはどのようなことでしょうか？

〈例〉誰が・何を・いつまでにするのかという、役割分担をきちんと決める。

Point
こうした計画作りは、生徒が行事に対して、自分に関係あるものとして捉えることであり、作業に熱心に参加するほど、行事が充実したものとなる。

指導のポイント

リハーサルは、修学旅行の例でなくても、実際の学年の行事に合わせて行うのがよいでしょう。行事の事前学習として授業を行うことで、生徒たちはより真剣に取り組むことができます。自分たちが立てた計画を実行することは、ソーシャルスキルが実生活に役立つ体験となり、スキルの定着へとつながります。

ワーク3　協力して計画を立ててみよう　［リハーサル］

◆ グループになり、「修学旅行2日目の班行動」の計画をワークシートに記入する。

〈例〉

修学旅行2日目　京都　班行動　の計画

メンバー	係	メンバー	係
・○○○○○○	班長	・○○○○○○	
・○○○○○○	副班長	・○○○○○○	
・○○○○○○		・○○○○○○	
・○○○○○○		・○○○○○○	
・○○○○○○		・○○○○○○	

目的：京都の歴史や寺社について、実際に体験することを通して学ぶ。

目標と期限：
・○月○日までにコースを決定する。
・見学に必要な拝観料を調べる。

TO DO リスト

何をするか	誰が	いつまでに
□ 行きたい場所を考える	全員	○月○日
□ 見学場所を決める	全員	○月○日
□ 見学する順番を考える	班長	○月○日
□ 見学に必要な拝観料などを調べる	○○くん	○月○日
□ 必要な交通費を調べる	○○さん	○月○日
□ 食事するところを考える	全員	○月○日
□		
□		

予想される問題点・トラブル	対策
□ 誰かがはぐれてしまう	□ 集合場所を決めておく
□ 道に迷ってしまう	□ 人にたずねる
□ 体調が悪い人が出る	□ いったん休ませて、先生に連絡する
□ 事故やトラブルにあう	□ 先生に連絡する
□ 災害が起きる	□ 先生に連絡する

Point：自校の様式を用意してもよい。

Point：授業では実行するまでには至らないので、計画を頭の中でシミュレーションしてチェックするよう教える。

Point：生徒がトラブルを考えるのが難しい場合もあるので、教師が事前に用意するか、その都度ヒントを出す。

今日の授業を振り返って

◆ グループで協力して活動（計画・実行・協力）するスキルのポイントがわかりましたか？

まったくわからない ①　わからない ②

◆ 今日学んだスキルを今後どんな場面で使おうと思いましたか？

〈例〉
・合唱コンクールの練習計画のとき。
・部活の合宿の練習計画を立てるとき。

Point：計画を立てて、決まったことを協力して実行することが大切であることに気づかせる。

2章　授業実践編　応用スキル　11「グループで協力して活動（計画・実行・協力）する」

応用スキル
集団生活に必要なスキル

学習の時期 ①1年 （2年） （3年）

12 「ひとつのテーマで話し合う」スキル

必要なスキル

スキルマップ

学校生活でも社会生活でも大切なスキルです。他人と意見が異なることは当たり前だと理解し、ルールを守って話し合うことを指導しましょう。

ワークシート ⑫ を使用

5分 ウォーミングアップ（授業の導入）

❶ 授業の心得・ソーシャルスキルベーシックルール（P.31参照）を確認する。
❷ 生徒に問題提起をし、教師の体験談を紹介したり、生徒に発表してもらったりする。

先生：これまでに、話し合いがうまくいかなかったことはありませんか？ その原因は何だと思いますか？

❸ 授業のテーマを伝える。

先生：学校はもちろん、この先社会に出てからも、話し合う機会はたくさんあります。今日は「ひとつのテーマで話し合うスキル」を勉強します。

アドバイス
人は考え方や意見が違うのが当たり前で、だからこそ話し合うことが大切だと気づかせる。

10分 1 インストラクション（目的を伝える）

❶ ワークシート⑫を配る。
❷ ワーク1 話し合うスキルのポイントを説明する。生徒はそれをワークシートに記入する。

- ルールを決める
- テーマを明確にする
- 自分の考えを持つ、人との違いも考える
- 自分の意見がかわったら、それを発言する
- テーマや意見を「見える化」する
- 決まったことは全員が協力する

アドバイス
・意見が違っても、その人自体を否定してはいけないと強調する。
・感情的にならずに、ていねいな言葉を使うことを教える。

❸ 授業のゴールと必要なスキルを説明し、ワークシートのスキルマップに色を塗らせる。

先生：今日のゴールは「ひとつのテーマで話し合い、解決策を作り上げていく」ことです。基本スキルの「聴く」「話す」「考える」「理解する」「観る」「気持ちに気づく」スキルが大切になります。

10〜15分

2 モデリング（手本を見せる）

❶ ワーク2 下記のイラストの場面を教師または生徒で演じてみせる。
＜場面＞合唱コンクールの自由曲決め。Ａ ルールを確認せずに話し合いに入る。書記もいない。
Ｂ はじめに話し合いのルールを全員で確認し、議長がテーマを提示する。書記は板書する。

❷ それぞれの例を見て気がついた点をワークシートに記入する。

❸ 何人かの生徒に発表してもらい、話し合いのルールとスキルのポイントを確認する。生徒はそれをワークシートに記入する。

アドバイス 自分の意見に固執せず、目的に沿った結論となるよう、柔軟に考えることが大切だと指導する。

話し合いのルールの例
・発言は挙手して指名されてから行う。
・ていねいな言葉を使う。
・友だちの意見は最後までよく聴く。
・意見は、結論を言ってから理由を述べる。
・わからないときは質問する。
・自分の意見にとらわれすぎず、テーマの解決に協力する。

15分

3 リハーサル（練習する）

❶ ワーク3 「合唱コンクールの自由曲決め」をする。ワークシートに自分がやりたい曲名とその理由を記入する。

❷ グループで議長と書記を決め、話し合いのルールを確認してから話し合いを始め、グループでの選出曲を決める。

❸ グループごとに発表する。実際に合唱コンクール前であればその意見をもとに、あらためて学級全体で話し合う時間を設けてもよい。

アドバイス
・話し合いのリハーサルはまずグループで行う。最初は小グループのほうが意見が出やすい。
・自由曲決めは候補がないと決めにくいので、音楽科の教師と相談してリストを用意しておくとよい。

5〜10分

4 フィードバック（振り返る）

授業のまとめとして、ワークシートの「振り返り」に記入する。

アドバイス 今日のゴールをもう一度提示し、社会に出てからもさまざまな場面で活用できる重要なスキルであることを伝える。

次のページでワークシートの解説をします

ワークシート 12 の解説

ワークシート 12 →P.100-101
「ひとつのテーマで話し合う」スキル

スキルマップ：考える／自分を知る／話す／観る／気持ちに気づく／聴く／理解する

年 組 名前

Point　何のための話し合いか、解決したいことをはっきりとさせる。

インストラクション

ワーク1　話し合うスキルのポイントをおさえよう

◆ ひとつのテーマで話し合うときのポイントをまとめましょう。

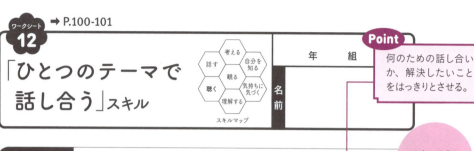

- ルールを決める
- テーマを明確にする
- 自分の考えを持つ、人との違いも考える
- 自分の意見がかわったら、それを発言する
- テーマや意見を「見える化」する
- 決まったことは全員が協力する

Point　ルールは生徒に考えさせてもよい。このルールは今後の話し合いに使うことができる。

Point　「見える化」とは、テーマや意見を板書し、整理すること。意見はカテゴリーに分けて見出しをつける、同じ意見は線でつなぐ、対立意見は「⇔」で示す、わからないことは「?」で示す、「くわしく」「例」は「⇒」で示すなどするとよい。

◆ ひとつのテーマで話し合うスキルに必要な基本スキルを考え、上のスキルマッ〔プに書きま〕しょう。

ワーク2　話し合いの進め方を考えてみよう

モデリング

◆ 下のイラストやモデリングを見て、よいところや悪いところを書き出してみましょう。

＜場面＞合唱コンクールの自由曲決め

〈例〉

- みんなが勝手に発言する。
- 言葉づかいがよくない。
- まとめる役がいない。
- 何をやっているかわからない。
- 話し合いじゃない。

Point　何のために話し合うのか、何を達成できればよいか、そのためにはどんな行動が必要なのかを考えさせる。

- 言葉づかいがていねい。
- 理由を言っているので、説得力がある。
- 書記がいるので、話し合いの流れがわかる。
- 書記の人が板書することで、意見が「見える化」している。

指導のポイント

学校生活の多くの場面で活用できるスキルです。リハーサルでは、実際に学級で話し合うテーマがあれば、それを用いても構いません。しかし、実生活のトラブルをテーマにすると、話し合いがヒートアップし、スキルの練習にならないことも考えられます。扱う内容はあまり生徒にとって切実でないほうがよいでしょう。

◆ 話し合いに必要なルールを確認し、下記に当てはまる言葉を記入しましょう。

- 発言は 「挙手」 して指名されてから行う。
- 「ていねい」 な言葉を使う。
- 友だちの意見は 「最後」 までよく聴く。
- 意見は 「結論」 を言ってから 「理由」 を述べる。
- 友だちの意見がわからないときは 「質問」 する。
- 自分の意見にとらわれすぎず、テーマの 「解決」 に 「協力」 する。

Point（聴くスキル側）：特に生徒が苦手なことなので、聴くスキルとともに確認する。

Point（ルール側）：ルールは生徒が考えたものなら、これ以外があってもよい。生徒が考えることが大切。決まったルールは、学級に掲示して授業に、また日常的にも意識させる。

ワーク3　話し合うスキルの練習をしよう　（リハーサル）

◆ 合唱コンクールの自由曲として、自分がよいと思った曲名とその理由を記入しましょう。

〈例〉（曲名　YELL）（理由　これからの時期に合うから。）

（曲名　明日へ）（理由　さわやかな曲だから。）

◆ グループになり、議長と書記を決め、話し合いのルールを確認してから、話し合いを始めます。話し合うスキルのポイントを意識して、自分の意見を発表しましょう。

◆ グループの話し合いで出た意見やまとまった曲を記入しましょう。

〈例〉（曲名　時の旅人）（理由　定番だから。）

グループの意見
- YELLも歌いたかった。
- 定番でもしっかり歌って優勝をねらいたい。
- 1曲にしぼるのは難しい。

Point：リハーサルの内容は、実際の学級活動の時間を利用してもよい。自分で考えて意見を言うことで、行事への取り組みにも力が入りやすい。

Point：人の意見を否定するような発言が出たら、ルールを示して行動をあらためるように促す。

今日の授業を振り返って

◆ ひとつのテーマで話し合うスキルのポイントがわかりましたか？

　まったくわからない ①　わからない ②　わか…

◆ 今日学んだスキルを今後どんな場面で使おうと思いましたか？

〈例〉
- 卒業式の曲決めのとき。
- クラスで何か問題があったときの話し合いのとき。

Point：話し合いで決まったことは、全員で守ることが大切だと伝える。

2章　授業実践編　応用スキル 12「ひとつのテーマで話し合う」

応用スキル
集団生活に必要なスキル　学習の時期 ①1年 ②2年 ③3年

13 「他者を尊重する」スキル

他者の大切にしていることを理解し、認めることを学びます。自分と他者の価値観の違いを受け入れることで他者を尊重することへと導きます。

必要なスキル

スキルマップ

ワークシート ⑬ を使用

5分 ウォーミングアップ（授業の導入）

❶ 授業の心得・ソーシャルスキルベーシックルール（P.31参照）を確認する。
❷ 自分を知るスキルを学習したことを前提とし、生徒に問題提起する。

先生：自分を知るスキルの授業で自分の特徴や個性を知ることができましたね。今回は、自分以外の人のことを知り、理解することを学びます。

❸ 自分を知るスキルの授業をしたときの教師の感想を紹介する。または生徒に発表してもらう。授業のテーマを伝える。

先生：今日は自分を知るスキルとも深くかかわっている「他者を尊重するスキル」を勉強します。

アドバイス
「皆さんの新たな一面を発見できました」と、自分を知るスキルの授業を行ったときの教師の感想を話すとよい。

10分 1 インストラクション（目的を伝える）

❶ ワークシート⑬を配る。
❷ ワーク1 他者を尊重するスキルの内容を黒板に提示し、説明する。生徒はそれをワークシートに記入する。

他者を尊重する ＝ 他者の特徴や個性を認める
自分が興味を持って大切にしていることと同じように、ほかの人が興味を持って大切にしていることを理解し認める。

アドバイス
自分の興味や価値観を理解してもらえると安心でき、信頼関係につながることを指摘する。

❸ 授業のゴールと必要なスキルを説明し、ワークシートのスキルマップに色を塗らせる。

先生：今日のゴールは**「自分と同じように、ほかの人が興味を持っていることや大切にしていることを理解し、それを受け入れられるようになる」**ことです。基本スキルの**「自分を知る」「聴く」「理解する」**スキルが大切になります。

2 モデリング（手本を見せる）

❶ ワーク2 下記のイラストの場面を教師または生徒で演じてみせる。

B先生はA先生に対して理解が深まり、親近感が持てた。

A先生は受容されたことで安心でき、うれしくなった。

❷ 例を見て、A先生とB先生の気持ちの変化をワークシートに記入する。

❸ 何人かの生徒に発表してもらい、スキルのポイントを確認する。

アドバイス
「自分のことを話すのは照れくさいですよね。しかし、どんな個性や特徴でも、よい悪いというものはありません。互いに認めることが大切です」と他者理解について説明する。

3 リハーサル（練習する）

❶ ワーク3 自分の特徴や個性についてワークシートに記入する。自分を知るスキル（→P.78）で書いたものを使用したり、書き加えたりしてもよい。

❷ グループになり、順番に自分の特徴と個性を話す。発表を聴きながら気がついたこと（自分と似ている点、違う点など）をワークシートに記入する。

❸ 発表が終わったら、それぞれ感想を伝え合う。

❹ 感想を聞き、自分が受容されたときの気持ちを記入する。

アドバイス
・「一人ひとり勇気を出して発表してくれたら、その都度拍手をしましょう」と、生徒が人に受容されたことを実感させる。
・他者を尊重するスキルは、さまざまな人たちと共存し、助け合っていく際に役立つことを指摘する。

4 フィードバック（振り返る）

授業のまとめとして、ワークシートの「振り返り」に記入する。

アドバイス 今日のゴールをもう一度提示し、自分と他者が大切にしていることが違うのは当たり前で、それらを認め合うことが大切であると伝える。

次のページでワークシートの解説をします

ワークシート 13 の解説

Point
自分を知るスキルを復習しながら、他者を尊重するスキルのポイントと同じ（表裏一体）であることに気づかせる。

インストラクション

ワーク1　他者を尊重するスキルのポイントをおさえよう

◆ 他者を尊重するスキルについて、自分を知るスキルを振り返りながらまとめましょう。

自分を知る ＝ 自分の（ 特徴 ）や（ 個性 ）を知り言葉にすること。

他者を尊重する ＝ 他者の（ 特徴 ）や（ 個性 ）を認めること。

自分が興味を持っていることや大切にしていることと同じように、
他者が（ 興味を持っていること ）や（ 大切にしていること ）を理解し認める。

Point
自分も他者も人として認められ、公平に扱われることが当然のことであると伝える。

◆ 他者を尊重するスキルに必要な基本スキルを考え、上のスキルマップを塗りましょう。

ワーク2　お互いの気持ちの変化を感じとろう

モデリング

◆ 下のイラストやモデリングを見て、A先生とB先生の気持ちはどのように変化したと思いますか？　下記に書き出してみましょう。

〈例〉
A先生
・照れくさいけど、言えてよかった。
・認めてもらえてうれしい。
・驚いてくれてうれしい。

B先生
・意外な一面を知った。
・なるほど、と思った。
・親しみを感じた。

Point
モデリングは、自己開示、受容、他者理解の場面。自分から自己開示すると相手も自己開示しやすい。互いにそれを受容することで、尊重し合う関係が作られる。

指導のポイント

他者と自分の価値観を平等に扱い、その違いを受容することが、他者を尊重することであると指導します。リハーサルでは、生徒がグループの中で受容されないかもしれないという不安感が出ないように、受容されたときの安心感やうれしい気持ちをモデリングで教師が示し、生徒にも体験してもらいましょう。

ワーク3　自分を見つめ直してみよう　リハーサル

◆ 自分の特徴や個性を記入し、グループで発表しましょう。

〈例〉

特徴

性格
- ・明るい　・負けず嫌い
- ・くじけない　・やりぬく

得意なこと・好きなこと
- ・サッカー　・ゲーム
- ・数学　・本を読む
- ・書道　・絵を描く

苦手なこと
- ・整理整頓
- ・そうじ

個性

目標の人・尊敬する人

レオナルド・ダ・ヴィンチ

その理由
- ・ダ・ヴィンチノートがすごい。
- ・アイデアが豊富。
- ・何でも知ってそう。

↓

自分が大切にしていること
＝
興味・価値観

Point　自分を知るスキルのワークシートを確認して記入する。そのときから、変化がある場合は書き足すように促す。

◆ グループの人の発表を聞いて感じたこと、自分と同じことや違うことなどを記入しましょう。

____吉田____さん　・料理が得意なんて意外だった。

____佐藤____さん　・勉強ができるのに、自信がないなんてびっくりした。
　　　　　　　　・すごく努力していると知って驚いた。

____山田____さん　・将来のことを考えているんだと知って、尊敬した。

◆ グループの人からの感想を聞いて感じたことを記入しましょう
- ・みんないろんなことを考えていたので、びっくりした。
- ・話してみて初めてわかることが多いと思った。
- ・ずっと同じクラスなのに、初めて知ったことがたくさんあった。

Point　自分から積極的に自己開示することで、互いをよく知り、尊重し合う機会になることを伝える。

今日の授業を振り返って

◆ 他者を尊重するスキルのポイントがわかりましたか？

まったくわからない	わからない	わかった	よくわかった
①	②	③	④

◆ 今日学んだスキルを今後どんな場面で使おうと思いましたか？

〈例〉
- ・家族にも使ってみたい。
- ・知っている人にも今日のように接してみたいと思った。

Point　人はみな違うことが当たり前。だからこそ理解して尊重することが大切だと気づかせる。

2章　授業実践編　応用スキル　13「他者を尊重する」

応用スキル②

相手の気持ちに寄り添うスキル

友だちや先輩・後輩など、周囲の人と上手にコミュニケーションをとるためには、相手の気持ちに配慮することが大切です。人の気持ちを知って共感するスキルや、気持ちに寄り添った言動を取るスキルを身につけましょう。

学校生活だけでなく社会に出てからも必要

相手の気持ちに寄り添うスキルは、周囲の人と交流するとき、特に1対1のコミュニケーションで必要となるスキルです。目に見えない相手の気持ちに気づいて、相手を傷つけずに行動すること、ときには相手の気持ちに寄り添うことが求められるので、とても高度なスキルといえます。

人の気持ちに無頓着だと、けんかになったり、周囲から浮いてしまったりする原因になります。まわりの人とよい人間関係を作って維持していくには、相手の気持ちに配慮した言動が欠かせません。自立心が強くなる中学生は、何よりも、友人関係に重きを置く時期。友だちとの関係を深めたり、トラブルを防いだりするために身につけておくべきスキルとなります。生徒にはそういったスキルの効果を十分伝えたうえで、指導するとよいでしょう。

14 友だちを励ます・元気づけるスキル

落ち込んだり、悲しんだりしている友だちを力づけたり、助けたりするためのスキルです。このスキルの目標は、**自分のことのように友だちの気持ちに共感して、寄り添う**ことです。

そのとき、まずは相手の気持ちを受け止めることが大事だと伝えましょう。励ますといっても、必ず言葉をかけなければならないということではありません。反対の立場になれば、自分を気にかけて、そばにいてくれる友だちがいるだけで心強いと思うはずです。その点を説明したうえで、友だちを元気づけるためにはどのような点に注意して、どのような言葉をかければよいかを考えさせ、指導します。

▶▶ P.110～113

15 友だちの相談にのるスキル

　中学生は小学生よりも活動の幅が広がりますし、思春期ならでは心の不安定さが見られるため、その分、悩みも増えます。友だちから悩みを打ち明けられたり、相談ごとを持ちかけられたりすることもあるでしょう。そんなとき、このスキルが役立ちます。

　友だちを励ますスキルと似ていますが、相談にのるスキルでは「一緒に考え、アドバイスする」ところまでを考えていきます。うまくアドバイスができなくても、**話を聴くだけで相手の気持ちを楽にできる場合もある**ということも伝えましょう。

▶▶ P.114～117

16 友だちに謝るスキル

　親しくつき合っている友だちほど、一緒にいる時間が長い分、けんかやトラブルがつきものです。友だちの気持ちを察してトラブルを防ぐことも大切ですが、同時に、相手を傷つけたり、怒らせたりしたとき対処できるスキルを身につけておく必要もあります。そのひとつが謝るスキルです。**自分の何が悪かったかを考えて、素直に謝れる**ようにします。このスキルを使えば、**人間関係のトラブルがあっても、関係が壊れる前に修復できるよう**になります。

▶▶ P.118～121

17 上手に断るスキル

　人から誘われたり、頼みごとをされたりしても、自分の意にそぐわないときや、都合が悪いときは断る必要があります。相手に気をつかいすぎて断れずに流されてしまうと、それが新たなトラブルを生むこともあります。中学生の場合、友だち以外に、先輩とのかかわりも増えるので、断るのが難しいシチュエーションも増えてきます。そういうとき困らないように、上手な断り方を身につけるとよいでしょう。

　上手な断り方のポイントは、**相手にいやな思いをさせずに、自分の意思を伝える**ことです。どのような点に気をつけて、どのように自分の意思を伝えればよいか、具体的に指導します。

▶▶ P.122～125

応用スキル
相手の気持ちに寄り添うスキル　学習の時期 1年 **2年** 3年

14 「友だちを励ます・元気づける」スキル

必要なスキル
スキルマップ

うまく言葉にできなくても、気持ちに寄りそうだけで、他人を元気づけられることを教えます。友だちとの信頼関係を築いていくために必要なスキルです。

ワークシート ⓮ を使用

5分　ウォーミングアップ（授業の導入）

❶ 授業の心得・ソーシャルスキルベーシックルール（P.31参照）を確認する。
❷ 生徒に問題提起をし、教師の体験談を紹介したり、生徒に発表してもらったりする。

先生：つらいときや落ち込んでいるときに、友だちからあたたかい言葉をかけられて助けられたことはありませんか？

❸ 授業のテーマを伝える。

先生：今日は「友だちを励ます・元気づけるスキル」を勉強します。

アドバイス
励ますスキルは、落ち込んでいるときに無理に元気を出させようとするものではないが、「大変だったね」「大丈夫？」とあたたかい言葉をかけることで助けられることもあると伝える。

10分　1 インストラクション（目的を伝える）

❶ ワークシート⓮を配る。
❷ **ワーク1** これまでに自分が励まされた経験をワークシートに記入する。
❸ 友だちを励ます・元気づけるスキルのポイントを黒板に提示し、説明する。生徒はそれをワークシートに記入する。

アドバイス
上手な言葉がかけられなくても、そばにいて気持ちを受け止めることが大切であることを伝える。

気持ちに共感する	気持ちに寄り添う	あたたかい言葉をかける
自分のことのように相手の気持ちを感じる。	相手の気持ちを受け止める。	相手の支えや助けになるような言葉を伝える。

❸ 授業のゴールと必要なスキルを説明し、ワークシートのスキルマップに色を塗らせる。

先生：今日のゴールは**「自分のことのように友だちの気持ちに共感して、気持ちに寄りそうことができるようになる」**ことです。基本スキルの**「聴く」「観る」「気持ちに気づく」「話す」**スキルが大切になります。

2 モデリング（手本を見せる）

❶ ワーク2 下記のイラストの場面を教師または生徒で演じてみせる。

＜場面＞先週のバレー部の試合で最後に友だちがミスをしてしまい、入賞を逃してしまった。みんなに申し訳ないし、くやしくて情けなくて部活に顔を出せないと悩んでいるところを励ます。

悩みをよく聴かず、根拠なく前向きな言葉や正論を言って、元気を出させようとする。

聴くスキル（→P.54）を使って、気持ちに寄りそう言葉をかける。「わたしなら」と元気づける言葉をかける。

❷ それぞれの例を見て気がついた点をワークシートに記入する。

❸ 何人かの生徒に発表してもらい、励ますスキルのポイントを再確認する。

> **アドバイス**
> 自分が励まされるとしたら、どうしてほしいかなども考えさせる。

3 リハーサル（練習する）

❶ ワーク3 の各場面において、AくんとBさんをどのように励ますか、ワークシートに記入する。

❷ 記入した内容をもとに、ペアになって交代で励ますスキルの練習をする。

❸ スキルの練習をした感想をワークシートに記入する。

> **アドバイス**
> ・励ますスキルを使っても相手がいつも受け止められるわけではないが、元気になるまで寄り添うことが大切であることを伝える。
> ・対人関係のトラブルに、正しい解決策はない。食い違いは悪いことではなく、その状態に応じて折り合いをつけることが重要だと指摘する。

4 フィードバック（振り返る）

授業のまとめとして、ワークシートの「振り返り」に記入する。

> **アドバイス**
> 今日のゴールをもう一度提示し、気持ちに寄りそうだけで心が軽くなることもあると伝える。

次のページでワークシートの解説をします

ワークシート14の解説

ワークシート14 → P.110-111

「友だちを励ます・元気づける」スキル

スキルマップ: 考える／自分を知る／話す／観る／気持ちに気づく／聴く／理解する

年　組　番　名前

ワーク1　励ますスキルのポイントをおさえよう

インストラクション

◆ 悩んでいるときや落ち込んでいるときに、励まされた経験はありますか？

〈例〉
- テストの点が悪くて落ち込んでいたら「オレはもっと悪いぞー！」と励まされた。
- 飼っていたネコが死んだとき、友だちがつらい気持ちをわかってくれた。
- 人にいやなことを言われて落ち込んでいたとき、親に話を聞いてもらった。

◆ 友だちを励ます・元気づけるスキルのポイントをまとめましょう。

気持ちに共感する	自分のことのように相手の気持ちを感じる。
気持ちに寄り添う	相手の気持ちを受け止める。
あたたかい言葉をかける	相手の支えや助けになるような言葉を伝える。

Point　言葉をかけなくても、そっと見守り、一緒にいるだけで、気持ちを受け止めたり、共感できたりすると伝える。

Point　あたたかい言葉以外にも、行動（黙って見守る、手伝ってくれる）やもの（贈り物）などに励まされることもあると指摘する。

◆ 友だちを励ます・元気づけるスキルに必要な基本スキルを考え、上のスキルマップを塗りましょう。

ワーク2　励ますときの声かけや態度に注目しよう

モデリング

◆ 下のイラストやモデリングを見て気がついた点を書き出してみましょう。

〈例〉
- 本当は「気にしないで」と思っていなさそう。
- 気にしている人に「気にしないで」と言ってもダメだと思う。
- 気持ちが入ってない気がする。

Point　励ますときの声かけや態度に注目するのはもちろん、観るスキル（→ P.62）を使って、励まされた人はどんな様子かを観察することも大切だと伝える。

指導のポイント

普段何げなくしていた行動や声かけでも、励ますスキルを使えていないことに気づかせます。スキルが使えるようになると、友だちとの信頼関係がより深まることを理解させましょう。リハーサルでは、その場面の人物になりきり、気持ちに共感し、あたたかい言葉をかけることの大切さを感じさせましょう。

〈例〉
- 気持ちをわかってくれている。
- 本当に励まされている感じがする。
- 同じ立場に立って考えていると思う。
- 自分の考えも言っているのがよい。
- 励まされて前向きになっている。

ワーク3　友だちを励ます・元気づけるスキルの練習をしよう（リハーサル）

◆ 下記の場面で、あなただったらAくんとBさんをどのように励ましますか？

＜場面1＞両親から誕生日に腕時計をプレゼントされたAくん。自分がほしかったモデルではなく、正直がっかり。そのときは喜んだが、なんとなく胸の辺りがもやもやする。

〈例〉
- プレゼントはものじゃなくて、気持ちを贈ってくれてるんだよ。
- 時間をかけて選んでくれたなんて、うれしいじゃない。
- 気に入ってないって言うけど、とても素敵だよ。

Point　自分がどのように励まされたらうれしいかを考えさせる。感じ方はさまざまだと認め、違いを受け止める。プレゼントを贈ったほうの気持ちにも注目させる。

＜場面2＞Bさん、Cさん、Dさんは仲よし3人組。ある日Bさんは、ほかの2人が遊んでいるところをたまたま見てしまった。どうして？　それ以来、何となくギクシャクしている。

〈例〉
- いくら仲よくても、いつもいつも3人一緒でいることはないよ。
- たまたま2人で遊んでいたんじゃないかな？
- BさんもCさんやDさん以外の人と遊ぶことあるんじゃない？

Point　仲よし3人はいつも一緒に遊ばなければいけないというのは「イラショナル・ビリーフ」（→P.50）の状態。仲がよい友だちでもそれぞれ考え方や都合があって当然であることを伝える。

◆ ペアになり、励ますスキルの練習をしましょう。
相手のよかったところや練習した感想を記入しましょう。

〈例〉
- 親身になって励まされると、練習でもうれしい。
- 励ますには相手の気持ちをよく理解しないといけないことがわかった。

今日の授業を振り返って

◆ 友だちを励ます・元気づけるスキルのポイントがわかりましたか？

まったくわからない ①　わからない ②　③　④

Point　励ますほう、励まされるほう、両方の気持ちに注目させる。

◆ 今日学んだスキルを今後どんな場面で使おうと思いましたか？

〈例〉
- 友だちが落ち込んでいたら使いたい。
- 弟や妹が落ち込んでいたらこれで励ます。

Point　励ますときは相手の気持ちをよく理解するために、「自分だったらどうか」と自分に置きかえて考えるよう指導する。「元気になってもらいたい」という気持ちで励ますことが大切だと伝える。

応用スキル
相手の気持ちに寄り添うスキル　　学習の時期 1年 **2年** 3年

15 「友だちの相談にのる」スキル

必要なスキル
スキルマップ（考える／自分を知る／話す／観る／聴く／気持ちに気づく／理解する）

友人関係が広がり、相談ごとも増えてくる年ごろです。相手の話をじっくり聴いて一緒に考えることで、その人の悩みや不安が和らぐことを伝えましょう。

ワークシート **15** を使用

5分 ウォーミングアップ（授業の導入）

❶ 授業の心得・ソーシャルスキルベーシックルール（P.31参照）を確認する。
❷ 生徒に問題提起をし、教師の体験談を紹介したり、生徒に発表してもらったりする。

先生：困ったことや悩んでいることがあるとき、誰かに相談にのってもらえると安心できますよね。

❸ 授業のテーマを伝える。

先生：今日は「友だちの相談にのるスキル」を勉強します。

アドバイス
励ますスキルと似ているが、相談にのるスキルは、どうしたらよいかを一緒に考えたり、アドバイスしたりする点で異なることを指摘する。

10分 1 インストラクション（目的を伝える）

❶ ワークシート**15**を配る。
❷ **ワーク1** 自分が相談にのってもらった経験や感じたことをワークシートに記入する。
❸ 友だちの相談にのるスキルのポイントを黒板に提示し、説明する。生徒はそれをワークシートに記入する。

アドバイス
相手が悩んでいること、困っていることをじっくり聴くことが大切だと伝える。

声をかける	気持ちに共感する	一緒に考える
悩んでいる相手が話を切り出しやすくしてあげる。	自分のことのように相手の気持ちを感じる。	悩みを共有し、何か解決策はないかを考える。

❹ 授業のゴールと必要なスキルを説明し、ワークシートのスキルマップに色を塗らせる。

先生：今日のゴールは **「自分のことのように友だちの話を聴いて、気持ちに共感し、アドバイスできるようになる」** ことです。基本スキルの **「聴く」「観る」「考える」「気持ちに気づく」「話す」** スキルが大切になります。

2 モデリング（手本を見せる）

❶ ワーク2 下記のイラストの場面を教師または生徒で演じてみせる。

＜場面＞Tさんは、以前から友だちと遊びに行く約束をしていた日に、急に部活動の練習試合が入ってしまった。遊びに行きたいけれど、部活も大会前で大切なときだから、どうしようか悩んでいる。

アドバイス
モデリングでは以下のように演じる。Aさんは、話し終わる前に結論を出す。Bさんは共感の言葉はあるが、適当な態度。Cさんは、聴くスキルを使って聴き、共感の言葉がある。態度からも共感していることがよくわかり、一方的なアドバイスになっていない。

❷ 例を見て気がついた点をワークシートに記入する。
❸ 何人かの生徒に発表してもらい、スキルのポイントを再確認する。

3 リハーサル（練習する）

❶ ワーク3 の各場面において、どのように相談にのるか、ワークシートに記入する。
❷ 記入した内容をもとに、ペアになって交代で相談にのるスキルの練習をする。
❸ スキルの練習をした感想をワークシートに記入する。

アドバイス
・上手なアドバイスができなくても助けになること、相談者は気持ちが楽になることを指摘する。
・対人関係のトラブルに正しい解決策はないが、状況に応じて折り合いをつけることが大事だと伝える。

4 フィードバック（振り返る）

授業のまとめとして、ワークシートの「振り返り」に記入する。

アドバイス 今日のゴールをもう一度提示し、相手の立場に立って気持ちに気づくことが大切だと伝える。

次のページでワークシートの解説をします

ワークシート 15 の解説

Point: 実際に相談した経験がない生徒には、相談できたらよかったと思うことを書くように促す。

ワーク1　相談にのるスキルのポイントをおさえよう

インストラクション

◆ 誰かに悩みを相談したことはありますか？
相談にのってもらってどのように感じましたか？

〈例〉
- 吹奏楽部のソロの演奏がうまくいかなかったとき、「こうしたらいいんじゃない？」と一緒に練習してくれた友だちがいた。とてもうれしかった。
- 友だちのことで先輩に相談したとき、「わたしも同じように悩んだことがある」と言ってくれたので、少し楽になった。

◆ 友だちの相談にのるスキルのポイントをまとめましょう。

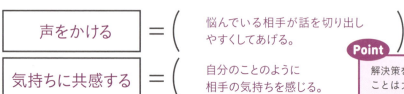

声をかける	悩んでいる相手が話を切り出しやすくしてあげる。
気持ちに共感する	自分のことのように相手の気持ちを感じる。
一緒に考える	悩みを共有し、何か解決策はないかを考える。

Point: 解決策を出してあげることは大切だが、それ以上に悩みを共有し一緒に考えること自体が大切であると伝える。

◆ 友だちの相談にのるスキルに必要な基本スキルを考え、上のスキルマップを塗りましょう。

ワーク2　声かけや態度の違いに着目しよう

モデリング

◆ 下のイラストやモデリングを見て気がついた点を書き出してみましょう。

〈例〉
Aさん
- 少しいいかげん。
- あんまり心配してない感じがする。
- 他人ごとだと思っている。
- 無責任だと思う。
- 行きたいけど行けないから悩んでいるのに、その言い方はない。

Point: 相談にのるスキルの3つのポイントから考えるように指摘する。

指導のポイント

相談にのることで人間関係が深まり、一緒に考えることで協力し合うことの基礎を学びます。共感することや他者を尊重することへの理解を深めながら、相談にのるときのポイントを指導しましょう。上手なアドバイスをすることも大切ですが、相手の気持ちに寄りそう姿勢が大切だということを伝えましょう。

〈例〉

Bさん
- 困ったねと言われても仕方ない。
- もっと何か言ってほしい。
- Aさんよりいいかも。
- やっぱりあまり考えてない。

Cさん
- 本当に心配してくれている。
- 自分のこととして考えている。
- 協力しようとしてくれている。
- 一緒に考えてくれている。
- Cさんみたいだと相談したくなる。

ワーク3　友だちの相談にのるスキルの練習をしよう　（リハーサル）

◆ 下記の場面で、あなただったらどのように相談にのりますか？

＜場面1＞友だちがケンカをしてしまった。自分にも悪い点があったと思っているが、相手の言い方や態度に納得できない。向こうが謝るべきと思う。一方で、早く仲直りしたいとも思っている。

〈例〉
- くやしいのはわかるけど、先に自分も悪かったと言えば、相手も謝りやすいとアドバイスする。
- 「同時に謝ろう！」と言ってみる。

Point
相手の気持ちに共感することや、一緒に考えることを意識して相談にのる。具体的にアイデアが出なくてもよいことを伝える。

＜場面2＞友だちの部活動の先輩たちが活動方針を巡って対立してしまった。どちらの先輩からも味方になるように頼まれている。できればもう一度話し合って解決してほしいと思っている。

- 「2人とも部のことを真剣に考えてくれています。だからもう一度話し合ってくれませんか？」と言う。
- 「ぼくは先輩2人とも大好きなので、対立してほしくないです。話し合ってくれませんか？」と提案する。
- 3人で考えることを提案する。

Point
以下のポイントに気づかせる。
- 両者の立場や考えを尊重する。
- 両者の真の思いは部に対する思いなので、それを大切にする。
- 一緒に考える提案もよい。自分にできることはないか考える。

◆ ペアになり、相談にのるスキルの練習をしましょう。
相手のよかったところや練習した感想を記入しましょう。

〈例〉
- 気持ちを理解しようとしてくれてうれしい。
- 具体的に案を出してくれてよかった。
- 一人で悩むよりよいと思った。

今日の授業を振り返って

◆ 友だちの相談にのるスキルのポイントがわかりましたか？

まったくわからない ①　わからない ②　わ…

Point
共感する、一緒に考えるがポイント。すぐに解決しないことも多いが、そうした態度で接することが力づけることになり、人間関係も深まる。

◆ 今日学んだスキルを今後どんな場面で使おうと思いましたか？

〈例〉
- 進路で悩んでいるとき。
- バレンタインでチョコをあげるか迷っているとき。

Point
解決しなくても相談にのろうとする態度が大切。一緒に考えようとすることで、不安も減ることを伝える。

応用スキル
相手の気持ちに寄り添うスキル

学習の時期　1年　**2年**　3年

必要なスキル

スキルマップ：考える／自分を知る／話す／観る／気持ちに気づく／聴く／理解する

16 「友だちに謝る」スキル

自分の非を認め、素直に謝ることが難しい時期です。相手に気持ちが伝わるように、言葉づかいや表情・態度に気をつけることを指導しましょう。

ワークシート **16** を使用

5分　ウォーミングアップ（授業の導入）

❶ 授業の心得・ソーシャルスキルベーシックルール（P.31参照）を確認する。
❷ 生徒に問題提起をし、教師の体験談を紹介したり、生徒に発表してもらったりする。

> 友だちとけんかして怒らせてしまったときに、自分が悪いとわかっているのに、謝れなくて気まずくなったことはありませんか？

❸ 授業のテーマを伝える。

> 言い訳をせず、きちんと謝ることができるように、今日は「友だちに謝るスキル」を勉強します。

アドバイス
友だちとトラブルになる原因はさまざまだが、今回は自分に原因があることを前提にし、謝るスキルを指導する。

10分　1 インストラクション（目的を伝える）

❶ ワークシート**16**を配る。
❷ **ワーク1** 素直に謝れない理由をグループで話し合い、ワークシートに記入する。何人かの生徒に発表してもらう。
❸ 友だちに謝るスキルのポイントを黒板に提示し、説明する。生徒はそれをワークシートに記入する。

アドバイス
言葉づかい、表情、態度に気をつけて、相手に気持ちが伝わるような謝り方を指導する。

相手の怒りを受け止める	何に怒っているのか理解する	言葉や態度に気をつけて謝る
相手が主張していることを最後までよく聴く。	怒っている内容がわからないときは、相手をより怒らせないように質問する。	ていねいな言葉づかいを心がけ、相手のほうを向き、まじめな態度を取る。

❹ 授業のゴールと必要なスキルを説明し、ワークシートのスキルマップに色を塗らせる。

> 今日のゴールは**「友だちを怒らせてしまったとき、自分の悪かったところを考えて、素直に謝ることができるようになる」**ことです。基本スキルの**「聴く」「話す」「気持ちに気づく」**スキルが大切になります。

2 モデリング（手本を見せる）

10～15分

❶ **ワーク2** 下記のイラストの場面を教師または生徒で演じてみせる。

<場面>友だちから借りていたノートにジュースをこぼして、汚してしまった。

アドバイス

モデリングは以下のように演じ、よいところと悪いところに気づかせる。
- **ア**＝言い訳をする。人のせいにする。
- **イ**＝正当化する。
- **ウ**＝非を認めない。
- **エ**＝謝っているが言葉づかいや態度に誠意が見られない。
- **オ**＝言葉づかい、態度に気をつけ、気持ちが伝わるように謝る。

❷ それぞれの例を見て気がついた点をワークシートに記入する。
❸ 何人かの生徒に発表してもらい、友だちに謝るスキルのポイントを再確認する。

3 リハーサル（練習する）

15分

❶ **ワーク3** 下記の場面で、Aさんはどのように謝ればよいか、ワークシートに記入する。

<場面>Aさんは3時に〇〇公園でBさんと遊ぶ約束をした。しかし、行ってみると誰もいない。あわててBさんに電話すると、すごく怒っている。「3時に〇〇公園に行ったよ」と言うと、Bさんは、「13時って言ったじゃない」とすごい剣幕。Aさんは聞き間違いをしたようだ。

❷ 記入した内容をもとに、ペアになって謝るスキルの練習をする。何人かの生徒に発表してもらう。

アドバイス
- 間違えたり、失敗したりすることはありうることで、そのときは素直に謝ることが大切だと伝える。
- 相手がきちんと謝罪したときは、それを受け入れて許すことも大切であると指導する。

4 フィードバック（振り返る）

5～10分

授業のまとめとして、ワークシートの「振り返り」に記入する。

アドバイス 今日のゴールをもう一度提示し、社会に出てからも人間関係をよくするために大切なスキルであることを伝える。

次のページでワークシートの解説をします

ワークシート 16 の解説

ワークシート16 → P.118-119

「友だちに謝る」スキル

スキルマップ：考える／自分を知る／話す／観る／聴く／気持ちに気づく／理解する

名前

Point　素直に謝るのは大人でも難しいことだと指摘する。しかし、「負けず嫌いだから」のように性格のせいにして終わりにするのではなく、どうして素直になれなかったのかを考えさせる。一方でなぜ相手がそんなに怒るのかも考えさせるとよい。

ワーク1　友だちに謝るスキルのポイントをおさえよう

インストラクション

◆ 自分が悪いのに、素直に謝れないのはなぜだと思いますか？
グループで話し合って記入しましょう。

〈例〉
- 謝ると負けた気がする。
- 相手にも悪いところがあると思うから。
- 怒っているから、気持ちの切りかえができない。

◆ 友だちに謝るスキルのポイントをまとめましょう。

相手の怒りを受け止める	相手が主張していることを最後までよく聴く。
何に怒っているのか理解する	怒っている内容がわからないときは、相手をより怒らせないように質問する。
言葉や態度に気をつけて謝る	ていねいな言葉づかい、相手のほうを向き、まじめな態度を取る。

Point　自分が悪かったことを素直に認めること、二度と同じことをしないと約束すること、改善策を出すことなども指摘する。

◆ 友だちに謝るスキルに必要な基本スキルを考え、上のスキルマップを塗りましょう。

ワーク2　謝るときの言葉づかいや態度に注目しよう

モデリング

◆ 下のイラストやモデリングを見て、気がついた点を書き出してみましょう

＜場面＞友だちから借りていたノートにジュースをこぼして、汚してしまった。

ア　ごめん、ごめん。猫がさ、机の上に飛び乗ってきてさ。そんなにムキになるなよ。
イ　だから謝ってるじゃん。そんな大事なノートなら人に貸すなよ。
ウ　たった一滴じゃん。こんなの汚れのうちに入らないよ。オレは悪くないからね。
エ　ごめん。はいはい、オレの責任だ。二度と汚さないよ。どうもすいません。
オ　ノートを汚しちゃって、ごめんね。二度とこんなことがないように気をつけるよ。先生にはぼくが汚してしまったことを正直に言うよ。

Point　スキルのポイントに沿って考えさせる。自分が言われたらどのように感じるか、いやな気持ちになるのはなぜなのかなども考えさせる。

Point　言葉だけでなく、態度や表情にも注目させる。

指導のポイント

謝るときは、相手が何に怒っているかを理解して、謝罪の気持ちが伝わる言葉づかいや態度をとることがポイントです。リハーサルでは、これらを意識して気持ちを相手に伝えるよう指導しましょう。全員がしっかりと練習しておくことで、学級で謝意の伝え方が共有できるので、トラブルがあった際の解決に役立ちます。

〈例〉
- ア　自分が悪いのに、人（猫）のせいにしている。
- イ　貸したほうが悪いと言っていて、おかしい。
- ウ　自分の非を認めていない。
- エ　心から謝っていない。逆ギレしてる。
- オ　ちゃんと謝っている。反省している様子が伝わる。

Point ア〜オのそれぞれについて、気がついたことを書かせるとよい。

ワーク3　友だちに謝るスキルの練習をしよう

リハーサル

◆ 下のイラストのように、AさんはBさんを怒らせてしまいました。あなたがAさんだったらどのように謝りますか？　吹き出しの中に記入しましょう。

〈例〉ごめんなさい。13時を3時と聞き間違えて3時に公園で待っていたの。Bさんが来ないから、どうしたのかな？と思ってたんだ。わたしときどき聞き間違えちゃうから、これからは必ず確認して間違えないようにするね。だから許してくれる？

Point スキルのポイントをおさえるよう指導する。相手の怒っていることを理解して素直に謝ることが大切と伝える。

◆ 記入した内容をもとに、ペアになって謝るスキルの練習をしましょう。相手のよかったところや練習した感想を記入しましょう。

〈例〉
- ・素直に謝られると、納得しやすい。
- ・間違えた理由を言って、「これから気をつける」と言ってくれたから許せた。

Point 謝るスキルを学ぶことで、謝られるほうの立場も考えられるとよい。相手が素直に謝ったときは、相手の表情や態度を観て気持ちを察し、相手を許すこと、自分がなぜ怒っているか自分の気持ちに気づくことも大切だと伝える。

今日の授業を振り返って

◆ 友だちに謝るスキルのポイントがわかりましたか？

まったくわからない ①　わからない ②　わかった ③　わかった ④

◆ 今日学んだスキルを今後どんな場面で使おうと思いましたか？

〈例〉
- ・自分がミスをしたとき（このスキルを使って素直に謝る）。
- ・友だちといるとき、調子にのって余計なことを言って、いやな思いをさせてしまったとき。

Point 他者がそのスキルを使っているとき、自分はどうするかも学ぶ機会であることに気づかせる。

応用スキル
相手の気持ちに寄り添うスキル　　学習の時期 1年 **2年** 3年

17 「上手に断る」スキル

必要なスキル
スキルマップ
ワークシート **17** を使用

相手との関係を大切にしながらも、自分の意思をはっきり伝えられる、上手な断り方を指導します。相手を不快にさせない態度も伝えましょう。

5分 ウォーミングアップ（授業の導入）

❶ 授業の心得・ソーシャルスキルベーシックルール（P.31参照）を確認する。
❷ 生徒に問題提起をし、教師の体験談を紹介したり、生徒に発表してもらったりする。

> 先生：友だちから誘われたり、人から何かをすすめられたりしたとき、本当は都合が悪いのに断り切れなかった経験はありませんか？

❸ 授業のテーマを伝える。

> 先生：今日は相手にいやな思いをさせずに「上手に断るスキル」を勉強します。

10分 1 インストラクション（目的を伝える）

❶ ワークシート **17** を配る。
❷ **ワーク1** 上手に断るために必要なことをワークシートに記入する。何人かの生徒に発表してもらう。
❸ 生徒の意見をまとめながら、上手に断るスキルのポイントを黒板に提示し、説明する。生徒はそれをワークシートに記入する。
❹ 授業のゴールと必要なスキルを説明し、ワークシートのスキルマップに色を塗らせる。

- いやなこと、できないことを相手に伝える
- 相手の意に沿わないことを謝る
- なぜ断るのか理由をはっきり言う
- 代わりの案を提案する

> 先生：今日のゴールは**「自分の意にそぐわないことは、相手にいやな思いをさせずに上手に断れるようになる」**ことです。基本スキルの**「考える」「観る」「気持ちに気づく」**スキルが大切になります。

アドバイス
・上手に断るには、相手の表情を観て気持ちを察し、ていねいに話すなど、状況に応じて基本スキルを使うよう指導する。
・自分が主張することだけでなく、断られた相手の感情も意識させる。

10〜15分

2 モデリング（手本を見せる）

❶ ワーク2 下記のイラストの場面を教師または生徒で演じてみせる。

＜場面＞最近仲よくなった友だちから、塾をさぼって遊びに行こうに誘われた。仲間に入れてもらったので断りにくいが、塾をさぼることには抵抗がある。

❷ それぞれの例を見て気がついた点をワークシートに記入する。

❸ 何人かの生徒に発表してもらい、スキルのポイントを再確認する。

アドバイス　もし、相手との関係が壊れても、ダメなことはハッキリと断る勇気が大切。悪い誘いであれば、友だちにもやめるように言うことが本当の友情であることを指導する。

15分

3 リハーサル（練習する）

❶ ワーク3 の場面でのAくんの断り方を考え、ワークシートに記入する。

❷ ペアになり、それぞれの役を交代で練習する。

❸ スキルを練習した感想をワークシートに記入する。

アドバイス　言葉だけでなく、身振り手振り、表情でも申し訳ないという気持ちが伝えられることを指摘する。

5〜10分

4 フィードバック（振り返る）

授業のまとめとして、ワークシートの「振り返り」に記入する。

アドバイス　今日のゴールをもう一度提示し、学校生活でも社会生活でも大切なスキルであることを伝える。

次のページでワークシートの解説をします

ワークシート17の解説

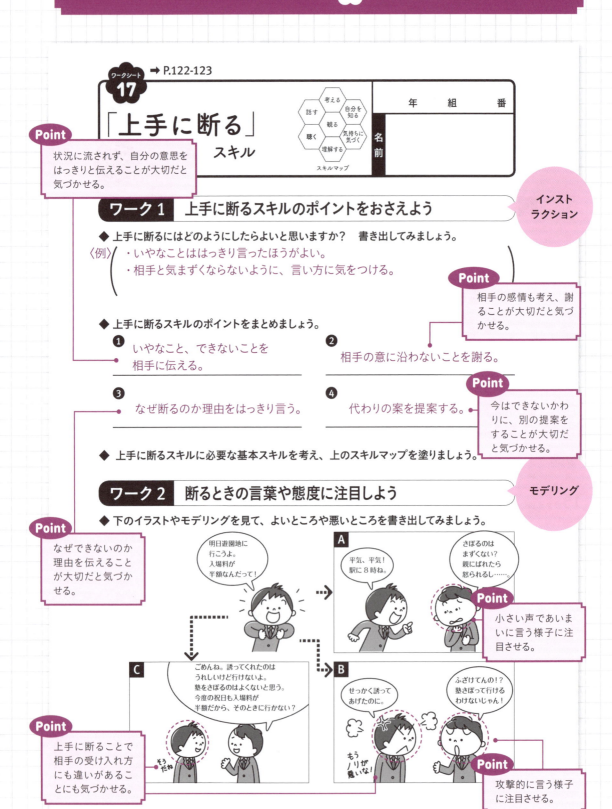

指導のポイント

リハーサルでは、相手から断られたとき、どのような気持ちがしたかを伝え合います。スキルの4つのポイント以外にも、相手に不快な思いをさせずに断る方法はないかも考えさせましょう。人から断られたとき、自分自身が拒否されたように感じることがありますが、そうではないことを指導します。

〈例〉

A
- 優柔不断だと思う。
- にえきらない。
- はっきり断れていないと思う。

Point
スキルのポイントに沿って、どこができているか、できていないかを考えさせる。また、今まで自分がどんな断り方をしていたのか考えさせるとよい。

B
- 怒らせているとしか思えない。
- 気持ちに気づくスキルがないと思う。
- 誘ったのが悪いような気になる。

C
- 行けないことをきちんと伝えている。
- 「誘ってくれてうれしい」と伝えているので、相手への思いやりが伝わる。
- 代案を示しているのがよい。

ワーク3　上手に断るスキルの練習をしよう　　リハーサル

◆ 下記の場面で、Aくんの断り方を考えて記入しましょう。

＜場面＞Aくんは「今日発売の○○のゲームソフトを買いたいんだけど、お金を忘れちゃったから貸してくれない?」とBくんに頼まれた。Aくんはお金を持っていたが、母親にお使いを頼まれていた。

〈例〉ごめんね。貸せないよ。お金は持っているんだけど、お母さんに帰りに買い物を頼まれているんだ。今度の休みの日に一緒に買いに行こうよ。ぼくも欲しいものがあるんだ。

◆ ペアになり、それぞれの役を交代で練習しましょう。
相手のよかったところや練習した感想を記入しましょう。

〈例〉
- 理由を言ってきちんと断ってくれたのがよい。
- かわりの提案をしたのがよかったと思う。
- 謝られると逆に悪いと思った。

Point
自分の言い方で相手がどのように感じたか、上手に断れていたか互いに確認するよう指導する。

今日の授業を振り返って

◆ 上手に断るスキルのポイントがわかりましたか?

まったくわからない	わからない	わかった	よくわかった
①	②	③	④

◆ 今日学んだスキルを今後どんな場面で使おうと思いましたか?

〈例〉
- テスト前に友だちから「遊びに行こう」と言われたとき。
- 用事がある日に先輩から誘われたとき。

Point
よくない誘いや自分の意にそぐわないことは、相手のことを考えながら、親しい間でもきちんと断ることが大切であると伝える。

応用スキル③

自分の気持ちを伝えるスキル

自分が思っていることや考えていることを周囲の人に伝えて、受け入れてもらうためのスキルです。相手にいやな思いをさせずに自分の気持ちを発信するには、どうすればよいか、具体的な方法を教えます。

球技大会は男女混合チームがいいと思う

理解してもらえるような気持ちの伝え方を指導

人と信頼関係を築くためには、相手の気持ちに配慮するだけでなく、自分の気持ちや意見を率直に相手に伝えることも必要です。相手を優先するあまり、自分ばかり我慢することになれば、その人との関係は長く続きません。相手に対して、積極的に気持ちを伝えることが大切です。

ただし、ただ自分の気持ちを押しつけたのでは、相手とよい関係が築けないどころか、仲たがいの原因にもなります。相手に正しく理解してもらったうえで、受け入れられることが大切です。そのためには、どのように伝えればよいのか、考え方や言動のコツを指導しましょう。

18 人を傷つけずに自分の意見を伝えるスキル

自分から積極的に意見を発信していくためのスキルです。相手が自分と同じ意見ならば問題ありませんが、違う意見のときは、伝え方に工夫が必要になります。大切なのは、「相手の意見を否定することは、人格を否定することではない」と教えることです。**自分を卑下したり、相手を見下したりせず、はっきり、ていねいに気持ちを伝える方法**を指導しましょう。

▶▶ P.128〜131

19 人に話しかけるスキル

人と話し始めるきっかけを作るためのスキルです。特に、友だちの輪にうまく入れなかったり、授業でわからなかったことを先生に質問できなかったりする生徒に必要でしょう。**話しかけたいときは、話す内容を考慮することや、相手の状況や場面を見てタイミングをはかることの大切さ**を教えます。

▶▶ P.132〜135

20 頼みごとをするスキル

学校生活でも、社会に出て仕事をするようになっても、人が1人でできることは限られています。目標を達成するために、人の助けや協力が必要な場面はたくさんあります。そういうときに使うのが、頼みごとをするスキルです。**力を貸してもらう**ことで、**相手と協力的な関係を築くきっかけにもなります。**スキルを指導する際は、頼みごとをするときのコツだけでなく、**自分の頼みが断られる場合もあること、それは受け入れる必要がある**ということも教えましょう。

▶▶ P.136 〜 139

21 他者をほめるスキル

ほめるとは相手のよいところを見つけて、言葉で伝えることです。これは相手を尊重し、認める行為といえます。

ほめるスキルのポイントは、**自分が相手に対して持っている肯定的な気持ちを、誤解のないように伝える**ことです。「ほめ言葉を使う」ことだけが「ほめること」ではないという点を指導しましょう。

▶▶ P.140 〜 143

22 感謝するスキル

周囲の人に対して感謝の気持ちを持つことや、感謝するところに気づくためのスキルです。感謝するスキルを意識すると、自分がたくさんの人に支えてもらっていることに気づき、周囲の人への信頼感が高まります。

今まで、してもらって当たり前だと思っていたことでも、あらためて意識してみると、感謝できることは意外とたくさんあるものです。まずは**自分を振り返り、身近な人に対して感謝するところを見つけられる**ように指導しましょう。

▶▶ P.144 〜 147

23 SNSで上手にコミュニケーションするスキル

中学生になると、スマートフォンを持つ生徒もぐんと多くなり、SNSでやり取りをする機会も増えます。その分、SNS上での言葉の行き違いや勘違いで相手を怒らせるケースや、けんかになるケースも出てきます。こういったトラブルを防ぐためには、まず、SNSを使ったコミュニケーションの注意点を理解することが大切です。**対面でのコミュニケーションとは異なる点を理解したうえで、SNSを上手に楽しく使う**ことができるよう、一緒に考えていきましょう。

▶▶ P.148 〜 151

応用スキル
自分の気持ちを伝えるスキル　　学習の時期　1年　**2年**　3年

必要なスキル

18 「人を傷つけずに自分の意見を伝える」スキル

相手にいやな思いをさせずに、自分の意見や主張を伝えるためのスキルです。人と意見が違っても、はっきりとていねいに伝えることの大切さを指導しましょう。

ワークシート 18 を使用

5分 ウォーミングアップ（授業の導入）

❶ 授業の心得・ソーシャルスキルベーシックルール（P.31参照）を確認する。
❷ 生徒に問題提起をし、教師の体験談を紹介したり、生徒に発表してもらったりする。

先生：人と意見が違っていて対立したり、けんかしたりしたことはありませんか？

アドバイス
人はもともと意見が違っていて当たり前だと伝える。

❸ 授業のテーマを伝える。

先生：人と違う意見でも相手にうまく伝えることが大切です。今日は、「人を傷つけずに自分の意見を伝える」スキルを勉強します。

10分 1 インストラクション（目的を伝える）

❶ ワークシート 18 を配る。
❷ ワーク1 意見を主張するときの3つのタイプを説明する。
　　生徒はそれぞれの長所・短所をワークシートに記入する。
❸ スキルのポイントをまとめ、生徒はそれをワークシートに記入する。

- 自分を卑下したり、相手を見下したりしない
- 自分の気持ちに正直になる
- 自分の考えをはっきりと伝える
- 自分の発言や行動に責任を持つ
- 相手の気持ちを考える

アドバイス
3つのタイプは以下を説明する。
①自分より相手を優先する。②相手より自分を優先する。③自分の気持ちを正直に表現し、相手も大切にする。

❹ 授業のゴールと必要なスキルを説明し、ワークシートのスキルマップに色を塗らせる。

先生：今日のゴールは**「人にいやな思いをさせないように自分の考えていることをはっきりと伝えられるようになる」**ことです。基本スキルの**「考える」「観る」「話す」「気持ちに気づく」**スキルが大切になります。

2 モデリング（手本を見せる）

❶ ワーク2 下記のイラストの場面を教師または生徒で演じてみせる。

＜場面＞遊園地で乗り物に並んでいたら、横入りされて順番を抜かされてしまった。

❷ それぞれの例を見て気がついた点をワークシートに記入する。

❸ 何人かの生徒に発表してもらい、スキルのポイントを再確認する。

アドバイス
いろいろな人がいるので、うまく伝わらないこともある。それでも自分の意見や主張をていねいにはっきりと伝えることが大切だということを指導する。

3 リハーサル（練習する）

❶ ワーク3 の場面でBさんの主張を考え、ワークシートに記入する。

❷ 記入した内容をもとに、ペアになって交代でスキルの練習をする。

❸ スキルの練習をした感想をワークシートに記入する。

アドバイス
自分の考えに合わなくても、相手の言うことが正しければ、素直に受け入れることも大切であると指導する。

4 フィードバック（振り返る）

授業のまとめとして、ワークシートの「振り返り」に記入する。

アドバイス
今日のゴールをもう一度提示し、学校や家庭、社会でも自分の意見を伝えたうえで、互いに協力することは大切であると伝える。

次のページでワークシートの解説をします

ワークシート 18 の解説

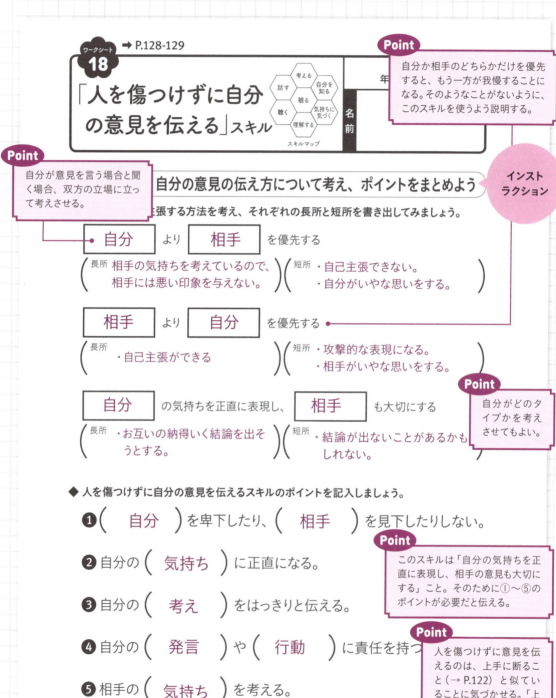

指導のポイント

「自分の気持ちを正直に表現し、相手の意見も大切にする」ためのスキルです。スキルの5つのポイントを意識してリハーサルをするように促しましょう。また、インストラクションで自分がどのタイプかを顧みることで、リハーサルでは、どのようなことに注意するとよいのかを意識することができます。

Point 自分だったらどうかということを考えさせてもよい。

ワーク2　意見を伝えるときの言葉や態度に注目しよう　〈モデリング〉

◆ 下のイラストやモデリングを見て、気がついた点を書き出してみましょう。

〈例〉
- 何も言えず、我慢している。
- トラブルにはならないけど、なんかいやな感じ。
- わたしも言えないかもしれない。

- けんかになりそう
- いくら腹が立っても、その言い方はよくないと思う。

Point
- 同じ内容を伝えるときも言い方によって印象がかわることを指摘する。
- Cの場合、ていねいにはっきりと言っても、「うるさい！」などと相手が応じないこともある。それでもきちんと言うことが大切であることを伝える。

- ていねいに、はっきりと伝えていて、いいと思う。
- この言い方だとトラブルにはならないと思う。

ワーク3　人を傷つけずに自分の意見を伝えるスキルの練習をしよう　〈リハーサル〉

◆ 下記の場面で、Bさんはどのように意見を伝えたらよいと思いますか？

〈場面〉学級活動の時間に、遠足の服装を決めている。Aさんは「私服がよい」と主張。Bさんは「体操服がよい」と考えている。

〈例〉
- Aさんが好きな服を着たい気持ちはわかるけど、わたしは体操服がよいと思います。遠足の行き先は道も悪いし、服が汚れるからです。それを気にして遊べないのもいやなので、汚れてもいい体操服で行きたいです。

◆ ペアになり、交代で上記の内容をスキルを使って伝えましょう。相手のよかったところや練習した感想を記入しましょう。

〈例〉
- ポイントはわかっていても、いざ言うとなるとうまく言えない。
- 相手と意見が違うとき、つい不満が顔に出そうだと思った。

Point 意見を言うときは言葉以外の部分（言い方、表情、態度など）にも気をつけるよう伝える。

今日の授業を振り返って

◆ 人を傷つけずに自分の意見を伝えるスキルのポイントがわかりましたか？

◆ 今日学んだスキルを今後どんな場面で使おうと思いましたか？

〈例〉
- 委員会で反対意見を言うとき。
- 授業で意見を言うときにも使えそう。

Point
- いろいろな人がいるので、自分は傷つけないように言ったつもりでも、うまくいかないこともある。一度うまくいかなくても、あきらめずに相手に気持ちを伝えることも大事だと伝える。
- 自分が配慮して言っても、相手がきつい言葉で返してくることもある。そんなときは、「STOP & THINK（いったん立ち止まって考える）」（→P.70）や怒りに振り回されないスキル（→P.158）をうまく使うとよいと伝える。

応用スキル
自分の気持ちを伝えるスキル

学習の時期　1年　(2年)　(3年)

必要なスキル

スキルマップ

19 「人に話しかける」スキル

相手や状況を見て、会話を始めるときのきっかけを作ります。活動範囲が広がり新たな人間関係を築くときに役立つスキルです。

ワークシート **19** を使用

5分　ウォーミングアップ（授業の導入）

❶ 授業の心得・ソーシャルスキルベーシックルール（P.31 参照）を確認する。
❷ 生徒に問題提起をし、教師の体験談を紹介したり、生徒に発表してもらったりする。

先生：皆さんは、人に話しかけるとき、どのようなことに気をつけていますか？

❸ 授業のテーマを伝える。

先生：相手が誰か、何をしているところなのかも関係しますね。今日は、「人に話しかけるスキル」を勉強します。

アドバイス
相手が友だちなのか、目上の人なのか、知らない人なのか、場面はいつもいる場所なのか、新しい環境なのかなど、話しかける状況が関係することを伝える。

10分　1 インストラクション（目的を伝える）

❶ ワークシート **19** を配る。
❷ [ワーク1] 人に話しかける場面（相手・状況など）について考え、ワークシートに記入する。何人かの生徒に発表してもらう。
❸ 生徒の意見から、人に話しかけるスキルに必要な視点を整理し、黒板にまとめる。生徒はそれをワークシートに記入する。

アドバイス
自分が人から話しかけられるとき、どういう状況があるか想像させる。

❶相手はどんな人か	●友だち・先生・家族 ●知っている大人 ●知らない人	❷相手の状況	●話し中・忙しそう ●真剣に何かやっている ●不機嫌・悲しそう ●怒っている ●リラックスしている
❸どんな話をするのか	●遊びの話・冗談 ●相談・頼みごと ●質問	❹話しかける場面	●授業中・休み時間 ●遊んでいるとき ●公式の場・公共の場

❹ 授業のゴールと必要なスキルを説明し、ワークシートのスキルマップに色を塗らせる。

今日のゴールは「人と会話を始めるきっかけの作り方を知る」ことです。基本スキルの「観る」「話す」「考える」スキルが大切になります。

10〜15分 2 モデリング（手本を見せる）

❶ ワーク2 下記のイラストの場面を教師または生徒で演じてみせる。

＜場面＞部活動の顧問の先生が先輩と話している。そこにAくんが土曜日の練習試合の集合場所を聞きにきた。

アドバイス

話しかけるときの視点は下記を意識させる。
［相手］年上・初対面の人と話すとき、親しい人でもまじめな話をするときは、ていねいな言葉づかいや態度で。相手の都合を考え、話しかけてよいかたずねる。
［状況］授業中や会議中などの公的な場面での話やまじめな話をするときは、ていねいな言葉づかいでまじめな態度で。私的な話、くだけた話をするときは相手の状況を考えて話す。ただし、話しかけること自体が不適切な場面もある。

❷ それぞれの例を見て気がついた点をワークシートに記入する。
❸ 何人かの生徒に発表してもらい、スキルのポイントを再確認する。

15分 3 リハーサル（練習する）

❶ ワーク3 の場面で、BくんはCくんにどう話しかけるかを考え、ワークシートに記入する。
❷ 記入した内容をもとに、ペアになって交代でスキルの練習をする。
❸ スキルの練習をした感想をワークシートに記入する。

アドバイス

上記の視点を考えながら、話しかける内容を考えさせる。初対面の人に話しかける場合は気持ちよいあいさつ・自己紹介をするスキル（→ P.84）も使えることを指摘する。

5〜10分 4 フィードバック（振り返る）

授業のまとめとして、ワークシートの「振り返り」に記入する。

アドバイス

今日のゴールをもう一度提示し、今後活動の範囲が広がり、新たな人間関係を築く際に役立つスキルであることを伝える。

次のページでワークシートの解説をします

ワークシート 19 の解説

→ P.132-133

ワークシート19 「人に話しかける」スキル

スキルマップ：考える／自分を知る／話す／観る／気持ちに気づく／聴く／理解する

年　組　番　名前

Point 人に話しかけるのはどんな場合があって、そのときどきでどのようなことに注意すればよいのかを考えさせる。

ワーク1　話しかける場面を想像してみよう

インストラクション

◆ 人に話しかけるときには、どんな場面があるか書き出してみましょう。

〈例〉
・休み時間に友だちに話しかける。
・職員室に行って、先生に話しかける。

Point 新しい環境で特に役に立つスキルであるが、まずは身近な場面から考えさせるとよい。

◆ 人に話しかけるスキルに必要な視点をまとめましょう。

❶ 相手はどんな人か
❷ 相手の状況
❸ どんな話をするのか
❹ 話しかける場面

◆ 人に話しかけるスキルに必要な基本スキルを考え、上のスキルマップを塗りましょう。

ワーク2　人に話しかけるスキルに必要な視点で考えよう

モデリング

◆ 下のイラストやモデリングを見て、上記の4つの視点にそって気がついた点を書き出してみましょう。

〈場面〉部活動の顧問の先生が先輩と話している。そこにAくんが土曜日の練習試合の集合場所を聞きにきた。

Point Aくんには、どのようなスキルが必要であったかを考えさせるのもよい。例えば、相手の行動をよく「観る」（→ P.62）、自分の主張だけでなく、まわりの状況をいったん立ち止まって「考える」（→ P.70）などのスキルが必要であることを指摘する。

指導のポイント

高校や大学に進学したとき、就職したとき、地域の集まりに参加するときなど、新しい環境では「話しかける」場面が出てきます。そこで少しでも早く親しい人を作るためには、大切なスキルです。このような意義を指導したうえで練習するとより効果的でしょう。自分なりのパターン（話しかけ方）を作るのもひとつの方法です。

〈例〉

❶
- A 相手が先生なのに、友だちのように話している。
- B 先生に敬語で話している。

❷
- A Aくんは相手の状況を考えていない。先輩と先生が話しているのに、先輩を無視して先生に話しかけている。
- B 話しかけてよいか確認している。

❸
- A・B 部活の試合のことを質問する。

❹
- A 先生と先輩が話をしているところ。
- B 先生と先輩の話の区切りがつくのを待ってから話しかけている。

Point
先輩や先生の立場になって、話しかけられてもよい状況を考えさせる。先輩が、自分が話していることを無視して割り込まれて不愉快な思いをしていることに気づかせる。

ワーク3　人に話しかけるスキルの練習をしよう　　リハーサル

◆ 下記の場面で、BくんはCくんにどのように話しかけたらよいと思いますか？

＜場面＞高校の入学後2日目。Bくんの出身校からこの学校に進学した人はいない。とても不安だ。学活の時間に自己紹介をしたら、隣の中学校から来たCくんがいた。明るくて優しそうだ。部活も同じになるかも。Cくんに話しかけてみよう。

〈例〉
Cくん、こんにちは。今、お話ししてもいいかな？　ぼくは〇〇中の出身なんだけど、このクラスに同じ中学の人はいないんだ。Cくんは△△中でおとなりだよね。ぼくも□□部に入ろうと思っているんだけど、友だちになってくれない？

◆ ペアになり、交代で話しかけてみましょう。
相手のよかったところや練習した感想を記入しましょう。

〈例〉
- ・気持ちよくあいさつして話しかけていたのがよかった。
- ・相手が先に自己紹介をすると話しやすいことがわかった。
- ・笑顔で話しかけられたので、親しみがわいた。

Point
話すときの態度も大切であることを指摘する。

Point
あいさつ・自己紹介をするスキル（→P.84）を学習していたら、そのスキルもうまく使いながら、話しかけるとよい。習ったスキルはどんどん使うように伝える。何人かの生徒や上手に話しかけている生徒に発表してもらい、よい例をほかの生徒にも共有するとよい。

今日の授業を振り返って

◆ 人に話しかけるスキルのポイントがわかりましたか？

まったく
わからない　わからない
① 　　　　　②

◆ 今日学んだスキルを今後どんな場面で使おうと思いましたか？

〈例〉
- ・年上の人に話しかけるとき、公の場で人に話しかけるとき。
- ・職場体験のとき。

Point
今回は人と向き合って会話するときだが、電話で人と話をするときにも同じようなスキルが使えることにも気づかせるとよい。

応用スキル　自分の気持ちを伝えるスキル　学習の時期　1年　**2年**　3年　　必要なスキル

20 「頼みごとをする」スキル

スキルマップ

人の助けを借りたいときや協力してもらいたいとき、仲間に入れてもらいたいときに役立つスキルです。身近な例を用いて授業への意欲を高めましょう。

ワークシート **20** を使用

5分　ウォーミングアップ（授業の導入）

❶ 授業の心得・ソーシャルスキルベーシックルール（P.31参照）を確認する。
❷ 生徒に問題提起をし、教師の体験談を紹介したり、生徒に発表してもらったりする。

先生：皆さんが人の助けを借りたいときは、どんなときですか？

アドバイス　例えば、「資料を運ぶのを手伝って」という日常的なシーンから、新しいクラスになったとき仲間に入れてもらう、行事を成功させるために協力を求めるといったシーンまで、さまざまな場面があることを指摘する。

❸ 授業のテーマを伝える。

先生：自分ひとりではできないことは、誰かに協力してもらいたいですよね。今日は、「頼みごとをするスキル」を勉強します。

10分　1 インストラクション（目的を伝える）

❶ ワークシート **20** を配る。
❷ **ワーク1** 頼みごとをするときはどんなことに注意すればよいか考え、ワークシートに記入する。何人かの生徒に発表してもらう。
❸ 頼みごとをするスキルのポイントを黒板に提示し、説明する。生徒はそれをワークシートに記入する。

頼みごとを伝える	内容を伝える	理由を伝える
相手に頼みごとがあることを伝える。	頼みごとの内容を具体的に伝える。	なぜ頼みたいのかという理由や自分の事情を伝える。
相手の都合を優先する	**感謝の気持ちを伝える**	**断られることも想定する**
相手の都合や事情を優先し、ていねいな言葉を使う。	頼みごとを聞いてくれたら感謝の気持ちを伝える。	断られることもあるが、仕方のないことだと理解する。

❹ 授業のゴール、基本スキルの組み合わせを説明し、ワークシートに記入する。

今日のゴールは**「他の人にお願いして気持ちよく協力してもらえるようにする」**ことです。基本スキルの**「観る」「話す」「気持ちに気づく」**スキルが大切になります。

10〜15分 2 モデリング（手本を見せる）

❶ ワーク2 下記のイラストの場面を教師または生徒で演じてみせる。

＜場面＞Aくんは放送委員として、下校放送をする。しかし、どのようにアナウンスするのか、どのように機械を操作するのか全くわからない。ちょうど放送委員の先輩がいたので、教えてもらうようにお願いする。

アドバイス
・頼みごとをするスキルの6つのポイントにそって考えさせる。
・頼みごとをしても、必ずしも聞いてくれるとは限らないが、相手のことを考えて、ていねいにお願いすることで力を貸してもらえることも多いということを理解させる。

❷ それぞれの例を見て気がついた点をワークシートに記入する。
❸ 何人かの生徒に発表してもらい、スキルのポイントを再確認する。

15分 3 リハーサル（練習する）

❶ ワーク3 の各場面において、どのように頼みごとをするかを考え、ワークシートに記入する。
❷ ペアになり、交代でスキルの練習をする。練習した感想をワークシートに記入する。

アドバイス
「頼みごとをする」ことの中には、「仲間に入れてもらう」ことも含まれ、スキルをうまく使えれば、友人関係が広がることも伝える。

5〜10分 4 フィードバック（振り返る）

授業のまとめとして、ワークシートの「振り返り」に記入する。

アドバイス
今日のゴールをもう一度提示し、学校生活でも日常生活でも活用できる場面がたくさんあることを伝える。

次のページでワークシートの解説をします

ワークシート 20 の解説

ワークシート 20 → P.136-137

「頼みごとをする」スキル

スキルマップ：考える／自分を知る／話す／観る／聴く／気持ちに気づく／理解する

年　組　番　名前

ワーク1　頼みごとをするスキルのポイントをおさえよう　〔インストラクション〕

◆ 人に頼みごとをするときは、どんなことに注意すればよいと思いますか？

〈例〉
- お願いするのだから、ていねいな言葉を使う。
- 相手が忙しそうなときは避ける
- お願いする理由を言う。

Point　自分が頼みごとをしてうまくいったときとうまくいかなかったときで、何が違うのか考えさせるのもよい。

◆ 頼みごとをするスキルのポイントをまとめましょう。

1. 頼みごとを伝える
2. 内容を伝える
3. 理由を伝える
4. 相手の都合を優先する
5. 感謝の気持ちを伝える
6. 断られることを想定する

Point　自分が頼みごとをされるとしたら、どのような言い方や態度だったら気持ちよく協力できるかを考えさせる。ただし、人はそれぞれ事情があるので、頼みごとをしても必ずしも聞いてくれるとは限らないことも指摘する。

◆ 頼みごとをするスキルに必要な基本スキルを考え、上のスキルマップを塗りましょう。

ワーク2　頼みごとをするときの言葉や態度に注目しよう　〔モデリング〕

◆ 下のイラストやモデリングを見て、気がついた点を書き出してみましょう

A：
- 「ねぇ、これどうやんの？」（Aくん）
- 「これって？」（先輩）
- 「読んでもよくわからないから。教えてよ〜」
- 「マニュアル読んで。今忙しいの！」

Point　Aのような言われ方をすると、どんな気持ちになるのか考えさせる。気持ちに気づくスキル（→P.74）を学習していたら、それを使ってもよい。

〈例〉
- 頼みごとをするのに、言葉づかいや態度がよくない。
- 頼まれたほうは気分が悪そう。

Point　相手の反応を観ていやな思いをしていることに気づかせ、よくない頼み方であると理解させる。学習していたら、観るスキル（→P.62）を使うとよい。

指導のポイント

学校生活だけでなく社会生活においても活用する場面がたくさんある、実用性の高いスキルです。頼みごととは自分の都合であって、断られることがあると理解することも重要です。リハーサルは、職業体験の受け入れ先にお願いに行く場合など、時期に合わせて実践的な場面にしてもよいでしょう。

〈例〉
- 相手の都合を聞いていて、ていねいに頼んでいる。
- きちんとお礼を言っているのがよいと思う。

Point ていねいな言葉づかいだけでなく、相手に合わせた態度も重要であることに気づかせる。

ワーク3　頼みごとをするスキルの練習をしよう　　リハーサル

◆ 下記の場面で、どのように頼みごとをしたらよいと思いますか？

＜場面1＞来週の遠足に備えて、実行委員が放課後しおりを作成している。かなりの量があり、明日までに終わりそうにない。そこに同じクラスのBくんとCさんが通りかかった。手伝ってもらいたい。

〈例〉Bくん、Cさん、ちょっといい？　今、遠足の実行委員会でしおりをとじているんだけど、量が多くて明日までに間に合いそうにないんだ。もしよかったら力を貸してもらえないかな？

＜場面2＞進級して新しいクラス。下校のとき、同じ組のDさんが何人かと一緒にいる。帰り道が同じなので、仲間に入れてもらいたい。

Dさん、○○さん、今帰りなのかな？　同じクラスの△△だよ。よろしくね。わたしも帰り道がこっちの方向なんだけど、一緒に帰っていいかな？

Point 人に話しかけるスキル（→P.132）、あいさつ・自己紹介をするスキル（→P.84）などを学習していたら、そのスキルを思い出させる。

◆ ペアになり、交代でスキルの練習をしましょう。
相手のよかったところや練習した感想を記入しましょう。

〈例〉
- ていねいに話しかけられると、協力しようかなと思える。
- こちらの都合を聞いてくれるから、押しつけがましくない。
- 感謝されるとうれしい。

Point 交代で練習することで、それぞれの立場の気持ちを理解させる。

今日の授業を振り返って

◆ 頼みごとをするスキルのポイントがわかりましたか？

まったくわからない ①　　わからない ②　　わかった ③　　よくわかった ④

◆ 今日学んだスキルを今後どんな場面で使おうと思いましたか？

〈例〉
- 親におこづかいを値上げしてもらうとき。
- 部活の先輩に教えてもらうとき。

Point 頼みごとをしたり、されたりすることはよくあること。互いに気持ちよく協力できるように、スキルを活用するように伝える。

応用スキル 自分の気持ちを伝えるスキル

学習の時期 1年 **2年** 3年

21 「他者をほめる」スキル

「ほめる」ことは、他者を尊重し、存在を認める行為です。相手に誤解されることなく、自分が伝えたい気持ちを表現する方法を学びます。

ワークシート 21 を使用

5分 ウォーミングアップ（授業の導入）

❶ 授業の心得・ソーシャルスキルベーシックルール（P.31参照）を確認する。
❷ 生徒に問題提起をし、教師の体験談を紹介したり、生徒に発表してもらったりする。

> 自分の意見や行動をほめられて、まわりの人から認められるとうれしいですよね。皆さんもそんな経験はありますか？

❸ 授業のテーマを伝える。

> 「偉そうだ」「うそくさい！」と誤解されることもあり、人をほめるというのは、意外と難しいものです。今日は「他者をほめるスキル」を勉強します。

10分 1 インストラクション（目的を伝える）

❶ ワークシート 21 を配る。
❷ **ワーク1** ほめられてうれしかった経験をワークシートに記入する。何人かの生徒に発表してもらう。
❸ 他者をほめるスキルのポイントを黒板に提示し、説明する。生徒はそれをワークシートに記入する。

相手を認める言葉で伝える	「わたしメッセージ」を使う
自分が感心したこと、感動したことを素直に相手に伝える。	「わたしは○○と思う」など、あくまでも自分の立場からの意見として伝える。

アドバイス
ただほめ言葉を言うのではなく、肯定的な感情や相手のよいところを認める気持ちを伝えるスキルだと説明する。

❹ 授業のゴールと必要なスキルを説明し、ワークシートのスキルマップに色を塗らせる。

> 今日のゴールは**「認めていることを誤解なく相手に伝えられるようになる」**ことです。基本スキルの**「観る」「考える」「気持ちに気づく」「話す」**スキルが大切になります。

10〜15分

2 モデリング（手本を見せる）

❶ ワーク2 下記のイラストの場面を教師または生徒で演じてみせる。

＜場面＞文化祭委員として、毎日下校時間まで頑張っている友だちの一生懸命なところをほめる場面。

「わたしメッセージ」を使わないので、誤解されてしまう。感じが悪い。

「わたしメッセージ」を使い、言い方にも配慮がある。

❷ 例を見て、自分だったらどうほめてほしいかなど気がついた点をワークシートに記入する。

❸ 何人かの生徒に発表してもらい、スキルのポイントを再確認する。

> **アドバイス**
> 「わたしメッセージ」を使うことで、イヤミと思われず、誤解なく伝わることを説明する。

15分

3 リハーサル（練習する）

❶ ワーク3 の各場面でのほめ方を考え、ワークシートに記入する。

❷ 記入した内容をもとに、ペアになって交代でスキルの練習をする。

❸ 相手のよかったところや練習した感想をワークシートに記入する。

> **アドバイス**
> ・ほめるスキルは、相手がほめ言葉として受け取れたときに意味があることを伝える。
> ・ほめることを控える必要はないが、頻度が高くなると伝わりにくくなる点も指摘する。

5〜10分

4 フィードバック（振り返る）

授業のまとめとして、ワークシートの「振り返り」に記入する。

> **アドバイス**
> 今日のゴールをもう一度提示し、まずは相手のよいところに気がつき、認めることが大切だと伝える。

ワークシート 21 の解説

ワーク1　他者をほめるスキルのポイントをおさえよう

◆ 人からほめられて、うれしかった経験を記入しましょう。

〈例〉
- 部活の試合で勝ったとき先生にほめてもらった。
- テストで100点をとったとき家でほめられた。
- 合唱コンクールで指揮者だったとき、「指揮がうまい」とみんなからほめられた。

Point　ほめられるとうれしいものだが、なぜそう感じるのかを考えさせるのもよい。

◆ 他者をほめるスキルのポイントをまとめましょう。

| 相手を認める言葉で伝える | ＝ | 自分が感心したこと、感動したことを素直に相手に伝える。 |

| 「わたしメッセージ」を使う | ＝ | 「わたしは○○と思う」など、あくまでも自分の立場からの意見を伝える。 |

◆ 他者をほめるスキルに必要な基本スキルを考え、上のスキルマップを塗りましょう。

ワーク2　ほめる言葉や態度の違いに注目しよう

◆ 下のイラストやモデリングを見て、Bさんはどのように感じたと思いますか？気がついたことを書き出してみましょう

〈例〉
- イヤミを言われていると思った。
- バカにされていると思った。
- 何のことを言われているのかわからない。

Point　言うほうは本当にほめているつもりでも、それが伝わらなければ逆効果（相手によくない印象）になることに気づかせる。

指導のポイント

他者をほめることは、自分が他者を積極的に尊重していることを示します。ほめ方によっては、相手に誤解されてしまうことも理解させましょう。ただほめ言葉を言うのではなく、自分が感じたことを具体的に伝え、本当に相手を認めているという気持ちを表現できるようになることが大切です。

B: 文化祭が近づいてきて、毎日遅くまでがんばっているね。わたしはBさんの一生懸命なところがとてもスゴイと思っているよ!

ありがとう!

うれしい。

〈例〉
・具体的にほめてくれたからうれしかった。
・本当にほめてくれているのが伝わる。
・こんなふうに言われると素直に喜べる。

Point ほめるとき、場合によっては、言葉を使わずに「笑顔でうなずく」など、態度で相手を認めることもできる。

Point 簡単なことをほめすぎるとバカにしていると誤解されてしまうことがある。相手に気持ちが伝わるように「何がよかったか」「どこがすごいのか」を具体的に伝えることが大切だと気づかせる。

ワーク3　他者を理解し、認めよう　〈リハーサル〉

◆ 下記の場面では、どのように友だちをほめますか?

＜場面1＞部活動が終わったときの片づけと掃除を文句も言わずに誰よりも率先して行う友だち。

〈例〉
・いつもありがとう。○○くんは、真っ先に片づけしてくれるよね。ぼくも見習うよ。
・○○くんは誰よりも早く黙々と片づけしてくれて、とてもえらいと思う。
・○○くんが、誰にも何も言わず一人で片づけしているところがえらいと思う。

＜場面2＞家族に頼まれて日用品の買い出しなど、家の手伝いをしている友だち。

・○○さんは、よく家の手伝いをしているね。わたしなんか何も手伝わないから、○○さんってすごいと思う。
・○○さんは家族思いなんだね。家の手伝いをよくしてるもの。学校でも掃除を一生懸命やっているよね。

Point 「わたしメッセージ」を使って、自分がどう感じたかを素直に伝えるとより相手に気持ちが伝わりやすい。その際、上から目線の言い方にならないように意識させる。

◆ ペアになり、交代でほめるスキルの練習をしましょう。
相手のよかったところや感想を記入しましょう。

〈例〉
・ほめることで相手が喜んでくれるのが自分もうれしい。
・ほめられるとなんだか照れくさい。
・ほめられると「自分も捨てたもんじゃない」と思えた。

Point ほめられると「認めてもらえた」という気持ちになりうれしくなる。互いに理解し尊重し合うためにも、言葉にして相手のよいところを認めることが大切であると伝える。

今日の授業を振り返って

◆ 他者をほめるスキルのポイントがわかりましたか?

まったくわからない ① 　わからない ②　 ③　 ④

◆ 今日学んだスキルを今後どんな場面で使おうと思いましたか?

〈例〉
・友だちが何かうまくできたとき、賞をもらったとき。
・部活で試合に勝ったときにお互ほめ合う。

Point 自分が人から大切に思われたいのと同じように、他の人もそう思っている。互いに尊重し合える関係を作るには、相手を認める、よいところは素直にほめることが大切であることを伝える。

応用スキル
自分の気持ちを伝えるスキル

学習の時期 1年 **2年** 3年

必要なスキル

スキルマップ

22「感謝する」スキル

普段当たり前だと思っていることに着目し、感謝する気持ちを持つ姿勢を身につけます。自分の置かれている立場を見直すときにも有効なスキルです。

ワークシート **22** を使用

5分 ウォーミングアップ（授業の導入）

❶ 授業の心得・ソーシャルスキルベーシックルール（P.31参照）を確認する。
❷ 生徒に問題提起をし、教師の体験談を紹介したり、生徒に発表してもらったりする。

先生
> わたしたちは、さまざまな人たちに支えられ、助け合って生きています。普段あまり意識していなくても感謝すべきことはありますよね。

❸ 授業のテーマを伝える。

先生
> 感謝するところを見つけることは、当たり前だと思っている自分の立場を見直すことにもつながります。今日は「感謝するスキル」を勉強します。

アドバイス
家族が食事を作ってくれること、一緒に学校に行ってくれる友だちがいることなど、生徒が当たり前だと思いがちなことを例に挙げるとよい。

10分 1 インストラクション（目的を伝える）

❶ ワークシート **22** を配る。
❷ ワーク1 自分を支えてくれる人のことをワークシートに記入する。何人かの生徒に発表してもらう。
❸ 感謝するスキルのポイントを黒板に提示し、説明する。生徒はそれをワークシートに記入する。

アドバイス
言葉に出さなかったとしても、感謝する気持ちを持つこと、それに気がつくことが大切だと伝える。

本当に当たり前か？と振り返る	もしもなくなったら……と想像する	今の大切さを知る
当然だと思っていること、いつもあるもの、そばにいてくれる人などに着目する。	当たり前だと思っていること・もの・人がなくなったらどうなるか？と想像する。	今、自分が置かれている立場を振り返り、その大切さを知る。

❹ 授業のゴールと必要なスキルを説明し、ワークシートのスキルマップに色を塗らせる。

先生：今日のゴールは「**自分が誰かに支えられ、助けられていることに気がつく**」ことです。基本スキルの「**観る**」「**考える**」「**気持ちに気づく**」「**理解する**」「**話す**」スキルが大切になります。

2 モデリング（手本を見せる）
 10〜15分

❶ ワーク2 教師が生徒に感謝の気持ちを伝える。

〈例〉
- 〔今が当たり前か？ と振り返って〕今日は皆さんに感謝の気持ちを伝えようと思います。皆さんはこのクラスになったことをどう思っているかわからないけれど、わたしは皆で支え合うことのできる、とてもよいクラスだと思っています。
- 〔もしもなかったら…〕授業中は元気で前向きな姿勢ですし、学級活動では一致団結して支え合っていますね。先日の文化祭も一人ひとりのがんばりがあったからこそ、成功したのだと思います。皆さんが当たり前のようにしていることに、わたしは支えられています。
- 〔今の大切さ〕クラスが成長していることは、とてもスゴイこと。だから、あらためて、皆さんに感謝の気持ちを伝えたいと思います。ありがとう！

❷ 教師の話を聞き、スキルのポイントに沿って気がついたことをワークシートに記入する。

❸ 何人かの生徒に発表してもらい、スキルのポイントを再確認する。

> **アドバイス**
> 上記の〈例〉のように、スキルの3つのポイントに沿って、生徒がリハーサルする際に見本となるようにていねいに伝える。最後に、感謝の気持ちを言葉にして伝えてもよい。

3 リハーサル（練習する）
15分

❶ ワーク3 感謝する人を決め、その内容をワークシートに記入する。

❷ 記入した内容をもとに、グループで発表し合う。

❸ グループの人のよかったところや練習した感想をワークシートに記入する。

> **アドバイス**
> - 感謝の言葉を伝えることは、感謝すること自体より高度なスキルであることを指摘する。
> - 感謝するスキルは、今まで気づかなかったことに着目できるようになること、誰かの立場に立って考えられるようになることが重要だと指摘する。

4 フィードバック（振り返る）
 5〜10分

授業のまとめとして、ワークシートの「振り返り」に記入する。

> **アドバイス**
> 今日のゴールをもう一度提示し、自分がまわりの人に助けてもらっていること、それに感謝することが大切だと伝える。

次のページでワークシートの解説をします

ワークシート 22 の解説

ワークシート 22 → P.144-145

「感謝する」スキル

スキルマップ：考える／自分を知る／話す／観る／気持ちに気づく／聴く／理解する

Point　今、当然のようにしてもらっているが、してもらえなくなったら困ること、1人ではできないことなどの視点で考えさせる。

ワーク1　感謝するスキルのポイントをおさえよう

インストラクション

◆ あなたを助けてくれたり、支えてくれている人は誰ですか？　それはどのようなことですか？

〈例〉
- 家族。毎日ごはんを作ってくれたり洗たくしたりしてくれている。
- 部活の顧問の先生。土日も部活をやってくれて休むときがないと思う。
- 地域の交通指導員の人。雨の日でも横断歩道の前に立って、安全を守ってくれている。

◆「人を傷つけずに自分の意見を伝える」スキルのポイントを記入しましょう。

（　　本当に当たり前か？　　）と振り返る。
（　もしもなくなったら……　）と想像する。
（　　　今の大切さ　　　）を知る。

◆ 感謝するスキルに必要な基本スキルを考え、上のスキルマップを塗りましょう。

ワーク2　感謝するところを見つけよう

モデリング

〈例〉

今日は皆さんに感謝の気持ちを伝えようと思います。皆さんはこのクラスになったことをどう思っているかわからないけれど、わたしは皆で支え合うことのできる、とてもよいクラスだと思っています。

授業中は元気で前向きな姿勢ですし、学級活動では一致団結して支え合っていますね。先日の文化祭も一人ひとりのがんばりがあったからこそ、成功したのだと思います。皆さんが当たり前のようにしていることに、わたしは支えられています。

クラスが成長していることは、とてもスゴイこと。だから、あらためて、皆さんに感謝の気持ちを伝えたいと思います。ありがとう！

Point　自分のクラスを見て感謝するポイントを探し、あらかじめ教師が吹き出しの中に記入しておくとよい。そうすることで、感謝するスキルが伝わりやすくなる。

指導のポイント

感謝するスキルは、身近で普段気づかないことに気づくことから始まります。自分が多くの人に支えられ、助けられていることに気づかせましょう。普段はなかなか伝えられない感謝を言葉で表現する練習をし、感謝することで自分を客観的に、肯定的に捉え直すことも大切です。

◆ 先生のモデリングを見てどのように感じましたか？
スキルのポイントと照らし合わせて、気がついたことを書き出してみましょう。

〈例〉
- 先生がそんなふうに思ってくれているなんて、考えもしなかった。
- 先生にそんなふうに言われてすごくうれしい。
- ソーシャルスキルの練習だと思っていたけど、話が聞けて驚いた。

ワーク3　感謝するスキルの練習をしよう

◆ 下記の例を参考に、感謝する人を決め、どのように感謝の気持ちを伝えるかを記入しましょう。
＜例＞・友だち・先輩・先生・保護者・きょうだい・お世話になっている人などに感謝する。

〈例〉
誰に
　親に

どのように
　大事に育ててくれてありがとうと手紙を書く。今度休みの日に朝ごはんを作ってあげようと思う。

Point まずは、当たり前のようにしてもらっていることが当たり前ではないことに気づかせる。してくれている人の気持ちにも注目させたい。

誰に
　塾の先生に

どのように
　特にテスト前はわからないところを根気よく教えてくれる先生にありがとうと言う。

Point 感謝したいことに気づいたら、次はそれを言葉にして相手に伝えることが大切だと伝える。そして自分がしてもらっているのと同じようにほかの人に何かをしてあげるという気持ちを持たせたい。

◆ グループになり、スキルの練習をしましょう。
グループの人のよかったところや練習した感想を記入しましょう。

〈例〉
- 感謝し合うのは気分がよい。
- 今まで当たり前と思っていたことは、そうでないことがわかった。
- 人から感謝されるのはうれしい。人から感謝される人になりたい。

Point 感謝するほう、感謝されるほう、両方の感情に注目させる。スキルの練習をすることで、グループの人の感謝するところを見つけたり、互いを認めたりして、理解することにつなげるとよい。

今日の授業を振り返って

◆ 感謝するスキルのポイントがわかりましたか？

まったくわからない ① / わからない ② / わかった ③ / よくわかった ④

◆ 今日学んだスキルを今後どんな場面で使おうと思いましたか？

〈例〉
- 母の日や父の日に。日ごろの感謝を伝えたい。
- いつもけんかばかりしているきょうだいの誕生日に。

Point 身近であればあるほど、してもらっていることのありがたさを忘れているもの。こうした機会に身近な人たちに感謝の心を持たせたい。

応用スキル
自分の気持ちを伝えるスキル

学習の時期 (1年) **2年** (3年)

必要なスキル

スキルマップ

23 「SNSで上手にコミュニケーションする」スキル

SNSでやり取りする機会が増えてくる年齢です。SNSは気軽で楽しい半面、対面でのコミュニケーションとは異なるものだという理解が必要です。

ワークシート **23** を使用

5分 ウォーミングアップ（授業の導入）

❶ 授業の心得・ソーシャルスキルベーシックルール（P.31参照）を確認する。

❷ 生徒に問題提起をし、教師の体験談を紹介したり、生徒に発表してもらったりする。

先生：皆さんはSNSを使っていますか？ LINE、Twitter、Instagramなどありますが、うまく利用できているでしょうか？

❸ 授業のテーマを伝える。

先生：今日は「SNSで上手にコミュニケーションするスキル」を勉強します。

> **アドバイス**
> 教師がSNSを利用していないのであれば、生徒がどのように利用しているかを聞き、状況を把握する。

10分 1 インストラクション（目的を伝える）

❶ ワークシート **23** を配る。

❷ **ワーク1** SNSで行き違いになった経験、またはトラブルになりそうなことをワークシートに記入する。

❸ スキルにかかわる2つのポイントについて説明する。
生徒はそれをワークシートに記入する。

コンテクスト(文脈)を理解する	感じ方の違いを意識する
● テキスト(文章)だけだと情報が不足。 ● コンテンツ(写真・スタンプなど)の使い方を知る。 ● SNS上では、前後の文脈が伝わるとは限らないことを知る。	● 人によって感じ方が違うことを知る。 ● SNS上で誤解が生じたと思ったら、友人や身近な人なら直接会って確認する。顔を合わせてコミュニケーションする。

❹ 授業のゴールと必要なスキルを説明し、ワークシートのスキルマップに色を塗らせる。

先生：今日のゴールは**「SNSでのコミュニケーションの注意点を知り、楽しく使えるようになる」**ことです。基本スキルの**「自分を知る」「観る」「考える」「気持ちに気づく」「理解する」**スキルが大切になります。

10～15分

2 モデリング（手本を見せる）

❶ ワーク2　下のイラストにあるクイズを教師が出し、生徒はその回答をワークシートに記入する。まわりの人には回答を見せないようにする。

アドバイス
・会話では声の調子、大きさ、表情、しぐさなどたくさんの情報とともに言葉が伝わるが、SNSでは情報量が圧倒的に少ないことに気づかせる。
・人によって感じ方には違いがある。違いが生じることは当然であり、その差は優劣ではないことを強調する。

❷ 何人かの生徒に発表してもらう。回答には違いがあり、どうしてそのような差や違いが生じるのか考えさせる。
❸ スキルのポイントを再確認する。

15分

3 リハーサル（練習する）

❶ ワーク3　のそれぞれの言葉の中からSNSで書かれるといやな気持ちになる言葉を選び、順位をつけてその理由を記入する。
A: おもしろいね　B: まじめだね　C: 元気がいいね
D: 個性的だね　E: すごいね　F: 正直だね

❷ ペアになり、上記と同じ言葉を声の大きさや表情をつけて直接伝え合う。
❸ 文字だけの場合と対面でのコミュニケーションの場合の違いを考え、感想をワークシートに記入する。

アドバイス
・対面でのコミュニケーションであっても誤解や間違いが生じるのだから、表情などが見えないSNS上ではより生じやすいことを指摘する。
・SNSは楽しんだり、友だちと仲よくなったりするためのものであって、誰かを傷つけたり、いやな気持ちにさせたりするためのものではないことを強調する。
・SNSの利用を否定するのではなく、適切に利用することが大切であると伝える。

5～10分

4 フィードバック（振り返る）

授業のまとめとして、ワークシートの「振り返り」に記入する。

アドバイス
今日のゴールをもう一度提示し、文字情報だけのSNSと表情や声、動きがわかる対面でのコミュニケーションには違いがあることを伝える。

次のページでワークシートの解説をします

ワークシート 23 の解説

ワークシート 23 → P.148-149

「SNSで上手にコミュニケーションする」スキル

スキルマップ：考える／自分を知る／話す／観る／聴く／気持ちに気づく／理解する

Point 本来コミュニケーションは言葉以外の要素が大きいが（→ P.62 観るスキル）、SNSはそれがほとんどないことに気づかせる。

ワーク1　SNSでコミュニケーションするときのポイントをおさえよう

インストラクション

◆ SNSで行き違いになったことやトラブルになったことはありますか？

〈例〉
・悪口を言っているつもりはないのに誤解された。
・自分は言っていないのに「○○が言っていたよ」と書かれてけんかになった。

◆ スキルにかかわる要素をまとめましょう。

コンテキスト（文脈）を理解する	・テキスト（文章）だけだと情報が不足。 ・コンテンツ（写真・スタンプなど）の使い方を知る。 ・SNS上で文脈が伝わるとは限らない。
感じ方の違いを意識する	・人によって感じ方が違うことを知る。 ・誤解が生じたと思ったら、直接会って確認する。

Point 写真を使われることがいやな人、スタンプが苦手な人もいることを伝える。

Point 表情が見えず、声のトーンもわからないSNS上では、前後の文脈が伝わりにくいことを指摘する。

◆ SNSで上手にコミュニケーションするスキルに必要な基本スキルを考え、上のスキルマップを塗りましょう。

ワーク2　感じ方の違いに気づこう

モデリング

◆ 下のクイズであなたがイメージする答えを記入しましょう。

〈例〉
❶ ・ディズニーランド ・京都
❶ 修学旅行で行きたいと思う場所は？
❷ 学校給食で人気のメニューといえば？
❷ ・カレー ・揚げパン
❸ ・一日中 ・午前10時前まで
❸ 「おはようございます」は何時まで使える？
友だち？ 親友？
❹ クラスメイトと友だちの違いは？友だちと親友の違いは？
❹ ・親しい人と知っているだけの人 ・悩みを相談するかしないか
❺ 「やさしい」人の特徴は？
❺ ・いつも笑顔 ・言葉がソフト ・人のことを考える

Point 同じ言葉でも人それぞれによって感じ方が違うことを知り、認めるように促す。

指導のポイント

モデリングでは、ものごとの捉え方や感じ方は人によって違いがあることに気づかせます。目の前にいる人とのコミュニケーションでは生じない誤解やズレが生じる原因についても考えさせましょう。文字だけで伝えることの難しさを知り、対面の場合よりもSNSのほうがコミュニケーションが難しくなることを伝えます。

◆ なぜ、ほかの人と回答の違いが生じるのかを考え、気がついた点を記入しましょう。

〈例〉
- 好みや考えが違うので同じになるほうがめずらしい。
- 普段からよく会話に出てくる内容のものは、同じ回答になりやすい。
- ひとつの言葉に対して持っているイメージがみんな違う。

ワーク3　SNSと対面でのコミュニケーションの練習をしよう　〔リハーサル〕

◆ 下記の言葉の中から、SNSで書かれたらいやだと思う言葉を順位をつけて選び、その理由を記入しましょう。

〈例〉
❶ おもしろいね
　理由
- 自分が変な人だと言われている気がしていやだった。
- バカにされたような気がした。

❷ 個性的だね
　理由
- 他の人と違うと言われているみたいで傷ついた。
- 他にほめるところがないから言っているみたい。

❸ まじめだね
　理由
- 融通がきかない人と言われている気がする。
- つまらない人だと言われている感じがする。

・おもしろいね　・まじめだね　・元気がいいね
・個性的だね　　・すごいね　　・正直だね

Point　どの言葉もそれだけでは悪い言葉ではないが、文字情報だけのSNSで言われると場合によってはいやな気持ちになる。それは、文字だけでは相手が受け取る印象がさまざまになりやすいからだと指摘する。

◆ ペアになり、実際にその言葉を言う場面の練習をします。
文字だけの場合との違いなど、気がついた点を記入しましょう。

〈例〉
- 実際に言われるほうが意味はよく伝わる。
- 文字だけだと勘違いしてしまいやすい。

Point　リハーサルをして感じたことから、SNSを使うときは、相手に勘違いされない内容かどうか、いったん考えてから発言したほうがよいなど、SNSを利用する際に気をつけなければいけないことを考えさせる。

◆ ペアのよかったところや練習した感想を記入しましょう。

〈例〉
- 実際に会話をするほうが、相手の表情がわかるので伝わりやすかった。
- ○○さんが笑顔で話してくれたので、よい意味で受け取ることができた。

今日の授業を振り返って

◆ SNSで上手にコミュニケーションするスキルのポイントがわかりましたか？

まったくわからない ①　わか…

Point　SNS自体は悪いものではなく、利用の仕方が大事。対面のコミュニケーションとの違いを理解して、上手に利用するように伝える。

◆ 今日学んだスキルを今後どのように使おうと思いましたか？

〈例〉
- 大切なことは直接話をする。
- SNSを使うときは誤解が起きないように言葉をよく選ぶ。
- SNSを使うときは不確かなことは書かない。

応用スキル ④

感情を扱うスキル

感情は人の言動に大きな影響を与え、対人トラブルの原因になったり、生活上の問題が生じたりすることがあります。自分の感情にあらためて着目し、感情に振り回されないようにするにはどうすればよいかを指導します。

自分の複雑な感情を知り上手に取り扱うために

「感情的」という言葉があるように、感情を持てあますと、理性を失って自分でも驚くような言動を取ってしまうことがあります。

例えば、他人に対する怒りが抑えられないと、暴言・暴力につながるリスクが高くなります。また、不安や悲しみといったマイナスな感情をため込んでしまうと、自分を傷つけることになります。結果として、周囲の人ともうまくつき合えないでしょう。

人間関係や自分の精神状態を良好に保つためには、感情を上手に扱うスキルを身につける必要があるのです。

感情を扱うとは、自分の感情に敏感になり、必要に応じてコントロールしたり、発信・発散したりすることです。自分の感情とうまくつき合うことの難しさや大切さ、その方法を指導しましょう。

24 自分の気持ちを深く知るスキル

基本スキルの「気持ちに気づくスキル」をさらに高度にしたスキルです。人の気持ちはとても複雑で、同じ「うれしい」という感情でも、その感じ方は時間や状況などによってかわります。また、「うれしいけれど、恥ずかしい」「怖いような、楽しみなような」など、同時にいくつもの感情を持つことも少なくありません。**人にはそういった、ひと言であらわせないような感情があることに気づかせ、そのうえで、その複雑な感情の受け止め方も考えていきます。**

▶▶ P.154〜157

25 怒りに振り回されないスキル

　最近、「アンガーマネジメント（怒りの管理法）」という言葉を耳にするようになりました。怒りやイライラをうまくコントロールするという考え方です。怒りを感じることは悪いことではありませんが、その取り扱いを間違えると、人間関係を壊しますし、ストレスの原因にもなります。**怒りがわき上がっても、振り回されずに、うまくコントロールするスキルを身につけておく必要がある**ことを教え、普段の生活の中でも活用できるように指導しましょう。

▶▶ P.158〜161

26 気持ちを言葉にして伝えるスキル

　自分の中にある複雑な気持ちを言葉にして伝える大切さと、その方法を指導します。具体的には、**相手に伝わる言葉で表現すること、心を開いて相手にさらけ出すこと（自己開示）**を学ばせます。さらに、トレーニングする中で、気持ちを伝えることで自分の心が軽くなったり、相手が親近感を持ったりと、気持ちが変化することも学んでいきましょう。

▶▶ P.162〜165

27 ストレスとうまくつき合うスキル

　過度なストレスは、人の感情を不安定にし、最悪の場合、病気を引き起こすこともあります。企業にストレスチェックが義務化されるなど、ストレスとうまくつき合うスキルは社会人にも強く求められているスキルです。
　トレーニングでは、**ストレスとはどのようなものなのか、その原因は何かというところから説明し、ストレスの対処方法**を解説します。自分に合ったストレス対処法を見つけるためのヒントになるよう、さまざまな対処法を取り上げてみましょう。

▶▶ P.166〜169

プラスα　身を守るスキル

　第2章の最後にはコラムとして「身を守るスキル」を取り上げ、授業のポイントを解説しています。
　身を守るスキルとは、**「立場の違う人に自分の困っていることや悩んでいることを伝えて、自分の心と身体を守る」**ことです。中学生でも友だちや先輩、先生や親などから理不尽な言動を取られて、傷つくことがあるかもしれません。生徒には、自分が傷つけられたとき、ただ黙ってやり過ごすのではなく、声を上げて意見を主張したり、助けを求めたりすることが必要であることを教えましょう。

▶▶ P.170〜171

2章　授業実践編　応用スキル

応用スキル
感情を扱うスキル

学習の時期 (1年) **2年** (3年)

24 「自分の気持ちを深く知る」スキル

必要なスキル

スキルマップ

ワークシート **24** を使用

人の気持ちは、時間や状況によって感じ方がかわります。感情の複雑さに気づき、受け止めることの大切さを学びます。

5分 ウォーミングアップ（授業の導入）

❶ 授業の心得・ソーシャルスキルベーシックルール（P.31参照）を確認する。
❷ 生徒に問題提起をし、教師の体験談を紹介したり、生徒に発表してもらったりする。

> 自分にも他人にもさまざまな感情があります。皆さんもうまく言いあらわせない感情や複雑な気持ちを感じたことはありませんか？

❸ 授業のテーマを伝える。

> 今日は「自分の気持ちを深く知るスキル」を勉強します。

アドバイス
生徒の理解を深めるために、「気持ちに気づく」スキル（→P.74）の授業を先に行っておく。

10分 1 インストラクション（目的を伝える）

❶ ワークシート **24** を配る。
❷ **ワーク1** 気持ちに気づくスキルについて復習したうえで、自分の気持ちを深く知るスキルのポイントを説明する。生徒はそれをワークシートに記入する。

アドバイス
入り交じった感情がわくのは、心が成長している証であり、それらに気づき、受け入れることが大事であると伝える。

気持ちの変化を知る	入り交じった気持ちを受け止める
●人の気持ちは、時間や状況の変化によって感じ方がかわってくる。 ●自分の気持ちは、他者の気持ちに影響を受ける（その逆もある）。	●同時にいくつかの気持ちを感じることを知る。 ●感情に振り回されないようにする。

❸ 授業のゴールと必要なスキルを説明し、ワークシートのスキルマップに色を塗らせる。

> 今日のゴールは**「自分の感じている気持ちの変化や複雑さに気づき、受けとめられるようになる」**ことです。基本スキルの**「自分を知る」「気持ちに気づく」「考える」「理解する」**スキルが大切になります。

10～15分

2 モデリング（手本を見せる）

❶ ワーク2 下記のイラストの場面を教師または生徒で演じてみせる。

1	2	3	4
Aくんはずっとあこがれのラケットがあった。裕福な家庭ではなかったので、なかなか買ってもらえなかった。	両親がそれを「誕生日プレゼントにする」と言ってくれた。とてもうれしくて、その日が待ち遠しかった。	ある日、両親がそのラケットを買うお金を一生懸命に工面していることをたまたま知ってしまった。	それからは素直に喜べなくなった。当日ラケットを手に持ったとき、とても複雑な気持ちを感じた。

❷ Aくんの気持ちの変化や複雑な思いを考え、ワークシートに記入する。
❸ 何人かの生徒に発表してもらい、スキルのポイントを再確認する。

> **アドバイス**
> 感情が変化していくことを意識させ、自分がその立場だったらどう思うかということを考えさせる。

 15分

3 リハーサル（練習する）

❶ ワーク3 <気持ちの変化を知るリハーサル>
「気持ちに気づく」の授業で挙げられた感情をあらわす言葉を黒板に提示する。生徒はその中から言葉をひとつ選び、時間や状況によって感じ方がかわった経験を記入する。
❷ <入り交じった気持ちを受けとめるリハーサル>
ペアになり、上記の場面について、入り交じった感情やその受け止め方を話し合い、記入する。
❸ ペアの相手のよかったところやスキルを練習した感想を記入する。

> **アドバイス**
> ・どのような気持ちも感じることは悪いことではなく、問題なのは、感情に振り回されることだと伝える。
> ・自分の気持ちに気づき、それを受け入れることで、感情に振り回されずに行動できるようになることを伝える。

 5～10分

4 フィードバック（振り返る）

授業のまとめとして、ワークシートの「振り返り」に記入する。

> **アドバイス**
> 今日のゴールをもう一度提示し、感情を深く知ることは、自分と他者の理解へとつながり、対人関係に役立つことを指摘する。

ワークシート 24 の解説

ワーク1　自分の気持ちを深く知るスキルのポイントをおさえよう

インストラクション

◆ 気持ちに気づくスキルのポイントを復習しましょう。

（　言葉　）を使って気づく。

（　身体　）を使って気づく。

Point　気持ちに気づくスキルを学習したことを前提として、生徒にスキルのポイントやスキルを使った場面や経験を挙げさせるとよい。

◆ 自分の気持ちを深く知るスキルのポイントをまとめましょう。

（　気持ちの変化　）を知る。

（　入り交じった気持ち　）を受け止める。

Point　「深く知る」ということは、人の気持ちはひとつではなく入り交じっており、時間や状況によって変化すると知ることだと説明する。また、自分の気持ちに気づき、それを受け入れ、感情に振り回されずに行動することが大切だと伝える。

◆ 自分の気持ちを深く知るスキルに必要な基本スキルを考え、上のスキルマップを塗りましょう。

ワーク2　気持ちの変化や複雑な感情を捉えよう

モデリング

◆ 下のイラストやモデリングを見て、あなたがAくんだったらどんな気持ちになりますか？それぞれの場面で書き出してみましょう。

Point　Aくんの表情やセリフにも注目し、たくさんの感情があることに気づかせ、思いつくまま書き出させる。

指導のポイント

感情は変化するものです。また、いくつかの感情が同時に生じることもあります。モデリングでは、自分の感情が他者の感情から影響を受けると複雑になっていくことに気づくようにしましょう。リハーサルでは、複雑な感情があることを理解し、それを受け入れることの難しさを知りましょう。

Point Aくんのさまざまな気持ちに気づかせ、人には多くの気持ちが混在していることを理解させる。

〈例〉

1. ・あのラケットかっこいいなぁ。
   ・ほしいなぁ。
   ・買えないだろうなぁ。
   ・おこづかいを貯めたら買えるかな？

2. ・え！！本当？！
   ・信じられない！
   ・すごくうれしい。
   ・やった！！

Point 何かをしてくれる相手の気持ちにも気づくとよい。また、自分の気持ちは他者の感情から影響を受けることも指摘する

Point 気持ちをあらわす言葉は、気持ちに気づくスキル（→P.74）の授業で挙げられたものを板書して見せたりするとよい。

3. ・うちはそんなに大変なんだ。
   ・買ってもらうのは悪い気がする。
   ・わがままは言えないなあ。
   ・いらないって言おうかな。

4. ・うれしいけど喜べない。
   ・せっかく買ってくれたから喜ばないと両親に悪いなぁ……。
   ・無理してくれたんだ。
   ・大切にされているんだなぁ。

ワーク3　複雑な感情を受け止め、自分の気持ちを深く知ろう　**リハーサル**

◆ 気持ちをあらわす言葉の中からひとつ選び、時間や状況によって感じ方がかわった経験を記入しましょう。

〈例〉
・部活の試合で負けてしまったとき、悔しくて「もう部活は辞めたい」と思ったことがあったけど、翌日練習に行ってみんながんばっている姿を見たら、少しずつやる気が出てきた。
・楽しいことがあっても、友だちが悲しんでいるのを見たとき単純に楽しめなかった。

◆ ペアになり、上記の場面で感じた入り交じった感情をどのように受け止めたらよいかを話し合い、記入しましょう。

〈例〉
・どんな感情も時間がたつと薄れることがある。すぐ感情的にならずにいったん落ち着くことも必要。
・嬉しい気持ちがあっても、ほかの人の気持ちや、状況によってはそれを表に出さないほうがよいときもある。

Point 感情は単純ではないこと、人の中にはいろいろな気持ちが同時に存在していることを理解させる。

◆ ペアの相手のよかったところやスキルを練習した感想を記入しましょう。

〈例〉
・ほかの人も自分と同じようにいろいろと感じていることを知れてよかった。
・人にはいろんな感情が入り交じっていることがわかった。
・今までスッキリしないことがあったけど、いろんな感情があるからだとわかった。

Point さまざまな感情を持つことは自然なことで、それを理解して受け入れることが大切だと気づかせたい。

今日の授業を振り返って

◆ 自分の気持ちを深く知るスキルのポイントがわかりましたか？

まったくわからない ①　　わからない ②

◆ 今日学んだスキルを今後どんな場面で使おうと思いましたか？

〈例〉
・落ち込んだり悩んだりしたとき。
・友だちが落ち込んでいて、話を聞くとき。

Point 自分の気持ちを深く知ることはほかの人の気持ちを理解するうえでも大切である。人も自分と同じようにたくさんの感情を持っていることを伝える。

応用スキル
感情を扱うスキル

学習の時期 1年 **2年** 3年

25 「怒りに振り回されない」スキル

必要なスキル

スキルマップ

怒りの感情がわくのは悪いことではありません。しかし、それに振り回されないことが大切です。ここでは、怒りを感じたときにすべき行動を学びます。

ワークシート **25** を使用

5分 ウォーミングアップ（授業の導入）

❶ 授業の心得・ソーシャルスキルベーシックルール（P.31参照）を確認する。

❷ 生徒に問題提起をし、教師の体験談を紹介したり、生徒に発表してもらったりする。

先生：皆さんは、どんなときに怒りますか？

❸ 授業のテーマを伝える。

先生：怒っていると、興奮して抑えきれなくなることがありますね。そうならないために、今日は、「怒りに振り回されないスキル」を勉強します。

10分 1 インストラクション（目的を伝える）

❶ ワークシート **25** を配る。

❷ **ワーク1** 怒りにはどのような感情があるか考え、ワークシートに記入する。
　何人かの生徒に発表してもらう。
　＜例＞
　・くやしい　・不安　・つらい　・痛い　・いやだ
　・疲れた　・悲しい　・むなしい　・さみしい　・苦しい
　▶ マイナスの感情があふれそうになると怒りを感じる

❸ スキルのポイントを黒板に提示し、説明する。生徒はそれをワークシートに記入する。

怒りの衝動をやりすごす	その場から離れる	怒っていることを伝える
怒りの衝動は最大6秒といわれている。まずそれをやり過ごすと少し落ち着く。	黙って離れるより「ごめんね、後にしてくれる？」と言って立ち去るほうがよい。	怒りの衝動が過ぎ去り落ち着いたら、自分の感情を相手に伝える。

❹ 授業のゴールと必要なスキルを説明し、ワークシートのスキルマップに色を塗らせる。

先生：今日のゴールは**「怒りを感じてもそれに振り回されずに行動できるようになる」**ことです。基本スキルの**「気持ちに気づく」「考える」**スキルが大切になります。

> **アドバイス**
> ・怒り自体は決して悪いものではないが、振り回されると失敗したり後悔したりする場合があることを教える。
> ・「〜しなければならない」という科学的根拠のない思い込みを「イラショナル・ビリーフ」（→ P.50）という。そのような考え方をかえることも、いら立ちを軽減する方法のひとつであると伝える。

2 モデリング（手本を見せる） 〔10〜15分〕

❶ 下記のイラストの場面を教師または生徒で演じてみせる。

＜場面＞合唱コンクールの練習。Aさんは学級の合唱委員で練習を仕切っている。しかし、練習が始まっても、男子が全然声を出して歌わない。

❷ それぞれの例を見て気がついた点をワークシートに記入する。

❸ 何人かの生徒に発表してもらい、スキルのポイントを再確認する。

> **アドバイス**
> 自分の怒りを爆発させても、相手の行動や状況がかわらないこともあると気づかせ、感情に任せて怒っても仕方ないことを伝える。

3 リハーサル（練習する） 〔15分〕

❶ の場面で、Nくんの感情や、取るべき行動や声かけを考え、ワークシートに記入する。

❷ グループになって交代でスキルの練習をし、感想をワークシートに記入する。

> **アドバイス**
> グループの発表では、自分と同じような言い方や思いつかなかった言い方などを聴くことで、視点や考え方を広げる。

4 フィードバック（振り返る） 〔5〜10分〕

授業のまとめとして、ワークシートの「振り返り」に記入する。

> **アドバイス**
> 今日のゴールをもう一度提示し、怒ることは悪いことではないが、振り回されないことが大切だと伝える。

次のページでワークシートの解説をします

ワークシート 25 の解説

ワークシート 25　→ P.158-159

「怒りに振り回されない」スキル

スキルマップ　名前

Point　怒りはマイナスの感情がたまってふき出したもの。それ自体は悪いものではないが、怒りに振り回されて失敗することもあることを伝える。そうならないためにはどうすればよいか考えさせる。

ワーク1　怒りに振り回されないスキルのポイントをおさえよう

インストラクション

◆「怒り」を引き起こすのは、どのような感情のときだと思いますか？　書き出してみましょう。

〈例〉　・くやしい　・不安　・つらい　・痛い　・悲しい
　　　・きらい　　・恐い　・苦しい

◆「怒りに振り回されない」スキルのポイントをまとめましょう。

怒りの衝動をやりすごす	怒りの衝動は最大6秒といわれている。まずそれをやり過ごすと少し落ち着く。
その場から離れる	黙って離れるより「ごめんね、後にしてくれる？」と言って立ち去るほうがよい。
怒っていることを伝える	怒りの衝動が過ぎ去り落ち着いたら、自分の感情を相手に伝える。

Point　これまで学習したスキル（例えば、気持ちに気づくスキル、自分の気持ちを深く知るスキル）があれば、それが関係していないかを考えさせる。

◆ 怒りに振り回されないスキルに必要な基本スキルを考え、上のスキルマップを塗りましょう。

ワーク2　ストレスによる心や体の変化に気づこう

モデリング

◆ 下のイラストやモデリングを見て、気がついた点を書き出してみましょう
〈場面〉合唱コンクールの練習。Aさんは学級の合唱委員で練習を仕切っている。しかし、練習が始まっても、男子が全然声をだして歌わない。

〈例〉
・怒っているけど、伝わってない。
・Aさんが一人で怒りをぶつけている。
・何を言われているか、わかっていない人もいる。
・一生懸命やっているのに女子がかわいそう。
・うちのクラスも同じことがあった。

Point　怒りの感情をぶつけても相手に伝わらないだけでなく、反発を持たれて余計悪い状況になることもある。怒りに振り回されずに対処することが大切だと気づかせたい。

指導のポイント

感情を扱うスキルは、実際に直面しないと想像しにくいところもあります。リハーサルでは、「自分だったらどう感じるか」ということを想像させましょう。また、人はそれぞれ感じ方が異なるので、他者の感じ方を知ることも大切です。グループ内での発表で、自分とは異なる感じ方を学ばせます。

〈例〉
・男子がやる気になっている。
・女子も落ち着いている。「いい声してる」とほめている。
・全員の表情がかわった。

ワーク3　怒りに振り回されないスキルの練習をしよう　（リハーサル）

◆ 下記の場面で、Bくんはどのような感情がわくと思いますか？

＜場面＞体育祭の学年種目の朝練。みんな一生懸命練習しているが、男子の一部の生徒が遅刻してくる。体育委員のBくんは、毎回彼らに注意していた。しかし、今日はついに練習に来なかった。「どうして来なかったんだ！」とBくんが聞くと、「別に」と反省した様子も見られない……。

〈例〉
・みんながんばっているのにふざけるな！！
・毎日言ってるのに何で早く来ないんだ！！
・勝てなかったらあいつらのせいだ。
・自分のことをバカにしているんじゃないか。

Point スキルのポイントに沿って、Nくんの取るべき行動について考えさせる。

◆ 怒りに振り回されないために、Bくんはどんな行動をとり、彼らにどのように伝えればよいと思いますか？

〈例〉
・深呼吸する。　・その場からはなれる。
・「STOP&THINK」と心の中でつぶやき、ゆっくり6数える。
・今は怒っているので、後で学活のときに「みんなに協力してもらいたい。一緒に練習しようよ」と自分の気持ちを素直に伝える。

Point 怒りのピークは6秒であることを伝え（思い出させて）、まずはやり過ごすように促す。

◆ グループでスキルの練習をし、相手のよかったところや感想を記入しましょう。

〈例〉
・怒りをコントロールするのは難しいことだと思った。
・○○くんは怒っていることを上手に言えていたと思う。
・深呼吸やSTOP&THINKは効果があると思った。

Point 自分なりのコントロールの方法や上手なやり方がある生徒がいたら、取り上げて共有する。

今日の授業を振り返って

まったくわからない ① 　わからない ② 　よく

◆ 怒りに振り回されないスキルのポイントがわかりましたか？

◆ 今日学んだスキルを今後どんな場面で使おうと思いましたか？

〈例〉
・きょうだいげんかのとき。
・何かうまくいかなくてカッとなったとき。まずは6秒やり過ごしたい。

Point モデリングのような集団生活の中での怒りは、まずは6秒をうまくやり過ごすことが有効と指摘する。その後はグループで協力して活動するスキルや（→P.96）頼みごとをするスキル（→P.136）などをうまく使って解決していくことを伝える。

応用スキル
感情を扱うスキル

学習の時期 (1 年)(2 年)**3 年**

必要なスキル

スキルマップ

26 「気持ちを言葉にして伝える」スキル

複雑な感情を言葉にして伝えることで、気持ちに変化があらわれることに気づかせます。自分なりの表現の仕方を身につけられるように指導しましょう。

ワークシート㉖を使用

5分 ウォーミングアップ（授業の導入）

❶ 授業の心得・ソーシャルスキルベーシックルール（P.31参照）を確認する。
❷ 生徒に問題提起をし、教師の体験談を紹介したり、生徒に発表してもらったりする。

先生
> イライラしているときや気持ちが落ち込んでしまったとき、皆さんはそれを言葉にしていますか？

❸ 授業のテーマを伝える。

先生
> 複雑な感情を持ったとき、それを誰かに聞いてもらうだけで落ち着くことがあります。今日は、「気持ちを言葉にして伝えるスキル」を勉強します。

アドバイス
自分の気持ちを深く知るスキル（→P.154）と関連すること、友だちの相談にのるスキル（→P.114）と対になっていることを指摘してもよい。

10分 1 インストラクション（目的を伝える）

❶ ワークシート㉖を配る。
❷ ワーク1 複雑な気持ちを言葉にした経験を振り返り、ワークシートに記入する。
❸ スキルのポイントを黒板に提示し、説明する。生徒はそれをワークシートに記入する。

気持ちを表現する	自己開示する
気持ちを言葉にして、相手に理解してもらえるように伝える。	心を開いて、相手に自分の気持ちをさらけ出す。

アドバイス
自己開示をすることは、恥ずかしかったり、苦しかったりすることもあるが、自分の助けにつながることを教える。自分が自己開示しないと相手も自己開示できないことを指摘する。

❹ 授業のゴールと必要なスキルを説明し、ワークシートのスキルマップに色を塗らせる。

先生
> 今日のゴールは「自分の心を開いて、言葉にし、人に伝えられるようになる」ことです。基本スキルの「自分を知る」「気持ちに気づく」「考える」「話す」スキルが大切になります。

10～15分

2 モデリング（手本を見せる）

❶ ワーク2 下記のイラストの場面を教師または生徒で演じてみせる。

＜場面＞小さいころからダンスが好きで習っているAさん。最近同じダンスクラブに入った子は中学生からダンスを始めたのにセンスがいい。自分には才能がないのかもと悩む。やめたほうがよいのかと思う半面、好きなことなので続けたいとも思っている。

❷ 例を見て、言葉にした場合としなかった場合の気持ちの変化など、気がついた点をワークシートに記入する。

❸ 何人かの生徒に発表してもらい、スキルのポイントを再確認する。

アドバイス
演じるときは、Aさんが心の中で思っていることをあえて口にして、気持ちの変化に注目させる。

 15分

3 リハーサル（練習する）

❶ ワーク3 の場面で、どのように気持ちを言葉にするかを考え、ワークシートに記入する。

❷ ペアになって交代でスキルの練習をし、感想をワークシートに記入する。

アドバイス
・具体的な相談ができなくても、気持ちを言葉にして伝えることで、人間関係が少しずつ親密になっていくことを伝える。
・対人関係のトラブルに正しい解決策はないことや、食い違いは悪いことではなく、それを調整していくことが大切であることを指摘する。

 5～10分

4 フィードバック（振り返る）

授業のまとめとして、ワークシートの「振り返り」に記入する。

アドバイス
今日のゴールをもう一度提示し、言葉にして聞いてもらうだけで気持が楽になることもあると伝える。

 次のページでワークシートの解説をします

ワークシート26の解説

ワークシート26 → P.162-163

「気持ちを言葉にして伝える」スキル

スキルマップ

名前

Point
人にはさまざまな感情があり、それを一度に伝えることは難しいが、少しずつでも言葉にしてみると気持ちが整理されていくことを伝える。

ワーク1　気持ちを言葉にして伝えるスキルのポイントをおさえよう

インストラクション

◆複雑な気持ちのとき、それを言葉にして心がラクになった経験はありますか?

〈例〉
・進路のことで悩んでいたとき、姉が話を聞いてくれて、少し安心できた。
・落ち込んでイライラしていたとき、保健室の先生が話を聞いてくれた。自分でも何にイライラしているかわからなかったけど、話しているうちにわかってきて楽になれた。

◆「気持ちを言葉にして伝える」ときのポイントをまとめましょう。

| 気持ちを表現する | ＝ | 気持ちを言葉にして、相手に理解してもらえるように伝える。 |
| 自己開示をする | ＝ | 心を開いて相手に自分の気持ちをさらけ出す。 |

◆気持ちを言葉にして伝えるスキルに必要な基本スキルを考え、上のスキルマップを塗りましょう。

ワーク2　気持ちの変化に注目しよう

モデリング

◆下のイラストやモデリングを見て、AさんとBさんの気持ちや、気持ちの変化など、気がついた点を書き出しましょう。

＜場面＞小さいころからダンスが好きで習っているAさん。最近同じダンスクラブに入った子は中学生からダンスを始めたのにセンスがいい。自分には才能がないのかもと悩む。やめたほうがよいのかと思う半面、好きなことなので続けたいとも思っている。

Point
・両者の立場に立って考えさせる。
・ひとつの感情だけでなくさまざまな感情があることに注目させる。
・観るスキル (→ P.62) を使っている生徒がいたら、それを認める。

〈例〉
Bさん　・せっかく聞いているのに「別に」って……。
　　　　・心配しているのに心を開いてくれない。
Aさん　・言っても何がかわることもないし……。
　　　　・でも励ましてくれるといいなあ。

指導のポイント

人は同時にいくつかの感情を持つことと、それを表現することの大切さ・難しさに気づくように促します。モデリングでは、他者の経験を観て、客観的に感情の変化を捉えさせます。気持ちを言葉にして伝える方法は人によって異なるものだと理解し、自分なりの表現の仕方を身につけられるように指導しましょう。

Point 話すことでAさんの気持ちが整理され、「ダンスが好き」と自分の本当の気持ちに気づけた点を指摘する。

〈例〉
- Bさん ・少しずつでもAさんが話してくれたから安心した。
- Aさん ・声をかけてくれてうれしい。でもうまく言えない。
- ・うまく言えないけど、Bさんが熱心に聞いてくれて気持ちが軽くなってきた。

ワーク3　スキルの練習をしよう　　リハーサル

◆ 下記の場面で、どのように気持ちを言葉にするかを考えて記入しましょう。

<場面1>仲よし3人組。そのうちの2人が自分よりも仲よくなっているような感じがして疎外感を感じている。何かあったわけではないけれど、どうしていいのかわからない。

〈例〉
- ・前より3人で遊ばなくなった気がしてさみしいな。
- ・2人だけ仲がいいみたいでさみしいな。

Point 場面設定は、同じような状況の生徒がいる場合には気まずくならないように、設定をかえたり、事前に様子を生徒に聞いたりして配慮する。

<場面2>卒業後の進路について、何をしたいのかはっきりしていないが、興味のあることはいくつかある。親に相談したら、あまり話を聞いてくれず、公立高校への進学をすすめてくる。

Point 自分の感情が言葉にできたら、頼みごとをするスキル（→P.136）を使って一緒に考えてもらえるようにするのもよい。

- ・ねえ、ちゃんとわたしの話を聞いて。まだはっきりしないけど、やってみたいことはあるんだ。一緒に考えてほしいんだ。
- ・進路のことで悩んでる。○○高校じゃなくて、ちょっと遠いけど、△△高校で部活をがんばりたいんだ。

◆ ペアでスキルの練習をし、相手のよかったところや感想を記入しましょう。

〈例〉
- ・○○さんは気持ちを表現するのがうまかった。
- ・少しずつでも言葉にしてみるのが大切だと思った。
- ・言うことで自分の気持ちや考えが整理されると思った。

Point 言葉にしてみることで初めて気づく感情があることや、考えがわかることに気づかせる。

今日の授業を振り返って

◆ 気持ちを言葉にして伝えるスキルのポイントがわかりましたか？

まったくわからない ①　わからない ②

◆ 今日学んだスキルを今後どんな場面で使おうと思いましたか？

〈例〉
- ・進路のことを親に言うとき。
- ・悩んだり迷ったり、イライラしたとき。とにかく誰かに聞いてもらう。

Point 友だちが自分の気持ちを言葉にして伝えてきたら、それを理解して受け止め、力になってあげることも大切であると伝える。

応用スキル
感情を扱うスキル

学習の時期 (1年) (2年) **3年**

必要なスキル

スキルマップ

27 「ストレスとうまくつき合う」スキル

ストレスとつき合っていく方法は人によって違います。さまざまな対処方法の中で、自分に合う気分転換の仕方を身につけられるように指導しましょう。

ワークシート **27** を使用

5分 ウォーミングアップ（授業の導入）

❶ 授業の心得・ソーシャルスキルベーシックルール（P.31参照）を確認する。
❷ 生徒に問題提起をし、教師の体験談を紹介したり、生徒に発表してもらったりする。

> 先生：皆さんは、ストレスを感じたことがありますか？

アドバイス
よいストレスには、アスリートの試合前の緊張感、運動による筋肉へのストレスなどがあることを教える。

❸ 授業のテーマを伝える。

> 先生：ストレスは、外部の刺激から起きる心や身体の緊張状態のこと。悪いものばかりではありません。今日は「ストレスとうまくつき合うスキル」を勉強します。

10分 1 インストラクション（目的を伝える）

❶ ワークシート **27** を配る。
❷ **ワーク1** ストレスを感じた経験をワークシートに記入する。
❸ ストレスの原因（ストレッサー）と、ストレスの対処方法について説明する。生徒はそれをワークシートに記入する。

アドバイス
気持ちに気づくスキル（→P.74）のほか、怒りに振り回されないスキル（→P.158）も使えることに気づかせる。

〈ストレスの原因〉

環境によるもの	生理的なもの	精神的なもの
騒音・気温・湿度	過労・病気・体調	不安・恐怖・いら立ち

〈対処方法〉

自分のストレスに気づく	ストレスとうまくつき合うための行動を取る

❹ 授業のゴールと必要なスキルを説明し、ワークシートのスキルマップに色を塗らせる。

先生：今日のゴールは「自分のストレスに気づいて、それに振り回されずに気分をかえる方法を知る」ことです。基本スキルの「気持ちに気づく」スキルが大切になります。

10〜15分 ２ モデリング（手本を見せる）

❶ ワーク2　下記のイラストの場面を教師または生徒で演じてみせる。

A　期末テストの点数がひどかった。またお母さんに怒られる。今回は勉強したはずなのに……。

B　Aくんは吹奏楽部の朝のパート練習にいつも遅れてくる。

❷ それぞれの例を見て、心や体の変化など気がついた点をワークシートに記入する。

❸ 何人かの生徒に発表してもらい、スキルのポイントを再確認する。

アドバイス　まずは、ストレスを感じていることを意識することが大切。ストレスを感じたとき、自分の心や身体にどんな変化があるのか考えるように指導する。

15分 ３ リハーサル（練習する）

❶ ワーク3　上記のモデリングの場面におけるストレスの対処方法を考え、ワークシートに記入する。

❷ 記入した内容を発表してもらう。

❸ 感想をワークシートに記入する。

アドバイス　気分をかえる方法には、深呼吸する・ストレッチする・休む・運動する・好きなことをする・寝る・人に話す・遊ぶなどがある。いろいろ試してみて自分に合う方法を見つけることが大切だと指導する。

5〜10分 ４ フィードバック（振り返る）

授業のまとめとして、ワークシートの「振り返り」に記入する。

アドバイス　今日のゴールをもう一度提示し、日ごろから自分なりの気分転換の方法を見つけておくのがよいことを伝える。

次のページでワークシートの解説をします

ワークシート 27 の解説

ワークシート 27 → P.166-167

「ストレスとうまくつき合う」スキル

Point ネガティブな感情が出てくるので、書き終わったら生徒に深呼吸をさせる。

ワーク1　ストレスの原因や対処方法を見つけよう

インストラクション

◆ あなたがストレスを感じるのはどんなときですか？

〈例〉
- 家で「勉強しなさい」と言われたとき。
- まわりの音がうるさいとき。
- やろうとしていることがうまくできないとき。

◆ ストレスの原因（ストレッサー）や対処方法についてまとめましょう。

ストレスの原因には
（ 環境によるもの ）（ 生理的なもの ）（ 精神的なもの ）がある。

Point ストレスは、「暑い」（環境によるもの）、「病気になってしまった」（生理的なもの）、「受験が不安」（精神的なもの）といった、さまざまな原因から起こるものであり、誰にでもあることだと伝える。

ストレスに対処するには、
❶ 自分のストレスに（ 気づく ）。
❷ 解消するための（ 行動 ）を取る。

Point 教師が自分のしている解消法を例に挙げるとわかりやすくなる。方法は人それぞれであること、他者やものを傷つけるような行動で発散するのは望ましくないことを指摘する。

◆ ストレスとうまくつき合うスキルに必要な基本スキルを考え、上のスキルマップを塗りましょう。

ワーク2　ストレスによる心や体の変化に気づこう

モデリング

◆ 下のイラストやモデリングを見て、心や体の変化など気がついた点を書き出してみましょう。

期末テストの点数が……。今回は勉強したのに。

〈例〉
- 顔が青ざめている。
- 胃が痛くなっている。
- 心臓がドキドキしていする。
- 胸が苦しくなっている。

Point 自分でも似たような場面を考えさせるとよい。気持ちに気づくスキル（→ P.74）を学習していたら、身体の変化に注目させる際、スキルが使えることを指摘する。

指導のポイント

ストレスとうまくつき合うことは、大人になっても必要なことです。その方法はたくさんあり、人によって効果が異なります。さまざまな方法を知り、よいといわれていることは、ひととおり体験してみることが大切です。生徒同士でやり方を共有してもよいですし、教師が行っていることを紹介してもよいでしょう。

Aくんは吹奏楽部のパート練習にいつも遅れてくる。

〈例〉
- カーッとなっている。
- 顔が赤くなっている。
- 身体がふるえている。
- 怒りが爆発している。

Point ストレスとつき合う方法はたくさんあり、どれが自分に合っているのかを知ることが大切であると伝える。

ワーク3　気分をかえる方法を考えよう

リハーサル

◆ 上記イラストの場面における、あなたなりの気分をかえる方法を考えて、記入しましょう。

〈例〉
A
- 誰かに不安な気持ちを聞いてもらう。
- 深呼吸して、ストレッチしてリラックスできるようにする。
- 謝るスキルで、早く謝ってスッキリする。

Point イライラした気持ちを落ち着かせるために、怒りに振り回されないスキル（→ P.158）などを組み合わせることで、ストレスともうまくつき合えることに気づかせたい。

B
- その場を離れて深呼吸する。
- 「STOP&THINK」と心の中でつぶやき、落ち着かせる。
- とにかく6秒過ぎるのを待つ。その後落ち着いてAくんに「全員で練習したいから遅れないでほしい」と話す。

Point 勝手な思い込みに気づくこと、考え方や気分をかえることもストレスとつき合うひとつの方法だと教える。

◆ 記入した内容を発表し合い、よかったところや感想を記入しましょう。

〈例〉
- Aの場合は、謝ってスッキリするのがよいと思った。
- ○○さんは、怒りをいったんやり過ごすという、習ったスキルを上手に使っていると思った。

今日の授業を振り返って

まったくわからない	わからない	わかった	よくわかった
①	②	③	④

◆ ストレスとうまくつき合うスキルのポイントがわかりましたか？

◆ 今日学んだスキルを今後どんな場面で使おうと思いましたか？

〈例〉
- 友だちとけんかしたとき。
- 勉強でストレスがたまったとき。

Point アスリートの中にはストレスがないとよいパフォーマンスができないという人もいるように、ストレスは悪いものばかりでなく、上手に使う方法もあることを伝える。

Column プラスαのソーシャルスキル

身を守るスキル

立場の違う人から理不尽なことを言われたり、要求されたりといった「ハラスメント」を受けたときにも、自分の心と体を守る方法があることを、ソーシャルスキルのひとつとして教えます。

「身を守る」スキルのポイントをおさえる

問題を解決するために必要な3つのポイントを説明します。

Point 1 立場の違いを考える
相手の言動が「理不尽だ」と思うのは、自分と相手の立場の違いが関係していることを想像する。

Point 2 我慢せず主張する
困っていることを我慢するのではなく、言葉を選んで自分の気持ちを相手に伝える。

Point 3 助けを求める
相手に伝えてもかわらないのなら、第三者に助けを求める。

授業のアドバイス

- 身を守るスキルがどんな場面で必要かを伝える。「ハラスメント」とはどんなものなのか説明する。
- 身を守るスキルは、自分が一方的に我慢して苦しくなったり、困ったりしないためにあることを伝える。
- ただ自分の主張をするだけでなく、自分と相手の価値観や考え方が違うことを前提に、伝える工夫が必要である。
- 自分に落ち度や悪い点があったとしても、そのことが誰かから不当に扱われる理由にはならないこと、我慢しなければいけない理由にならないことを指摘する。
- 自分が身を守るように、相手にも身を守るケースがあることを伝える。

ハラスメントとは

他者に対する発言・行動などが本人の意図には関係なく、相手を不快にさせたり、尊厳を傷つけたり、不利益を与えたり、脅威を与えること。社会的な問題、社会全体で解決すべきこと。

↓

生徒がハラスメントを受けたら、家族、教師、専門相談員などに相談できる体制を整え、問題解決へと導く。

「身を守る」ための正しい方法を理解する

学校や家庭など、身近な場面で困ったときに、「身を守る」方法の例を紹介します。

Case 1 家で家族に…

明日提出のプリントを母親に渡し忘れていたので、書いてもらおうとしたところ、「いつも出すのが遅い」と注意された。それだけでなく「だらしない性格だ」とか「いつも部屋の掃除をやらない」など、直接関係のないことでも怒られた。

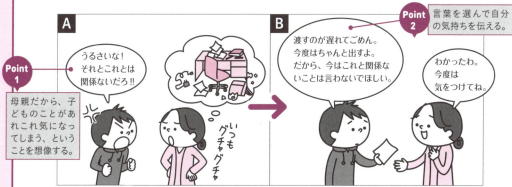

Point 1 母親だから、子どものことがあれこれ気になってしまう、ということを想像する。

Point 2 言葉を選んで自分の気持ちを伝える。

A: 反省はしていても、イライラして言い返すと、言い合いになってしまう。言葉の選び方や言い方によっては、逆効果になる。

B: 反省していることを伝えて、それ以外のことを言わないでほしいと言う。言葉を選んで伝えれば、相手にもその気持ちが伝わる。

Case 2 学校で先輩に…

部活動の先輩から、自分が持っているDVDを貸してほしいと頼まれた。好きなアーティストで大切にしているので、本当は貸したくないが、しつこく頼まれる。最近は部活中以外にもからまれることが増えて困っている。

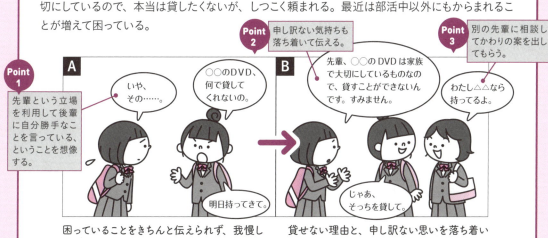

Point 1 先輩という立場を利用して後輩に自分勝手なことを言っている、ということを想像する。

Point 2 申し訳ない気持ちも落ち着いて伝える。

Point 3 別の先輩に相談してかわりの案を出してもらう。

A: 困っていることをきちんと伝えられず、我慢してしまうので、相手もひかない。いつまでたっても解決しない。

B: 貸せない理由と、申し訳ない思いを落ち着いて伝える。また、友だちや別の先輩に相談して、かわりの案を提案してもらう。

Column 実践の現場から
SSTの効果的な授業回数は？

実際に中学校でソーシャルスキルトレーニング（SST）の授業を行ってきた教師が、現場でよく質問される「授業の回数」について解説します。

ソーシャルスキルトレーニングを導入する際、現場の先生方からよく聞かれるのは、「何回くらい授業をすればいいですか？」ということです。教育課程の中で、その授業時間数を確保しなければならないのですから、当然の質問でしょう。では、この質問に対する答えはというと、「先生方が無理をしないで実施できる頻度と回数にしてください」です。

無理をしてたくさんの授業を展開し、ただでさえ多忙な教育現場で負担が増えれば、教師が生徒と向き合う時間が減ってしまいます。これでは本末転倒です。ソーシャルスキルトレーニングを実施することによって、生徒同士、生徒と教師の対人関係に変化が起きたとき、教師はその変化に迅速に対応しなければなりません。そのためには、無理のない授業計画を立てることが大切です。

一方で、どのくらい授業をすれば効果が出るのかは一概には言えません。ただ、ソーシャルスキルトレーニングの授業を行っていて経験的に変化を感じやすいのは3回目以降です。**ソーシャルスキルトレーニングの導入当初は生徒たちにも、教師にも緊張が見られますが、その緊張が解けてくるのが「3回目」**です。生徒に笑顔が見られるようになり、モデリングへの反応やリハーサルへの積極性が高まることで、**トレーニングの効果が高まります。**

しかし、行事日程の兼ね合いなどで3回以上の授業時間を確保することが難しい場合もあります。そのような場合に、生徒の緊張を緩和し、前向きな取り組みを促すために重要となるのが、モデリングです。授業中に**生徒が最も楽しみにしているのはモデリング**といっても過言ではありません。特に、**教師が行うモデリングの場合、普段教師が見せない姿に、生徒の顔は興味津々で輝き、教師の一挙手一投足に注目します。授業への関心や集中力が高まるのです。**

ただ一方で、生徒たちは普段は見られない教師の姿に気恥ずかしさのようなものを感じるのか、その反動で教師の動作をすぐに笑おうとすることもあります。これに対して、教師が恥ずかしがったり、怒ったりしてしまうと、途端に雰囲気は悪くなるので注意が必要です。モデリングは、最後まで教師が真剣に演じてみせることが大切です。

モデリングでの教師の態度は、その後の生徒の活動にも影響を与えます。教師がモデリングを恥ずかしがると、生徒がリハーサルを恥ずかしがるようになります。モデリングの果たす役割を教師が理解して、生徒の前向きな姿勢を引き出しながら、効果的なソーシャルスキルトレーニングに取り組んでいきましょう。

第3章

スキル定着編
ソーシャルスキルを定着させる授業展開

授業で学んだソーシャルスキルを定着させるためには、生活の中でスキルを生かすことが重要です。第3章では、日々の生徒指導や特別活動、進路指導の一環として、ソーシャルスキルを活用する指導例を紹介します。

学校生活の中で ソーシャルスキルを 定着させる

ソーシャルスキルトレーニングを行った後、生活のさまざまな場面でスキルを活用できるようにするためには、定着化を促す取り組みが必要です。第3章では、その具体的な方法の例を紹介します。

スキルの活用機会を増やす 生徒指導や授業

ソーシャルスキルを身につけるためには、授業だけでなく、その後の教師の働きかけや取り組みも重要であることは第1章（P.38参照）で述べたとおりです。第3章ではその具体的な方法をいくつか紹介します。

そのひとつが、日常の生徒指導の一環として、ソーシャルスキルの活用を促す方法です。ソーシャルスキルを使えば、抱えている問題や悩みを解決できることを指導します。

また、時間的な余裕があれば、ソーシャルスキルをさらに深く理解するための授業を行う方法もあります。ソーシャルスキルがどのような場面で活用できるのか、活用することでどのような効果があるのかなどを、具体例をもとに指導しましょう。

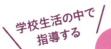

中学校でよくあるトラブル別 ソーシャルスキル指導法

友だちとのかかわりの中で生じた悩みや、クラスや部活動での問題など、人間関係や集団生活におけるトラブルの多くは、ソーシャルスキルをうまく活用すれば解決・改善できます。教師は生徒がどのような問題を抱えているのか、観て、聴いてよく確認したうえで、どのスキルをどのように活用すればよいかを指導します。教師の適切な働きかけにより、生徒がソーシャルスキルを活用する機会を増やすことにもつながります。ここでは、学校生活の中でありがちなトラブルを取り上げ、その指導例を紹介しています。これらを参考に、日常的な生徒指導の中でもソーシャルスキルの定着化を図りましょう。　▶▶ P.176〜177

さらに深く指導する❶ 職業ごとに必要とされるソーシャルスキルを学ぶ授業

　ソーシャルスキルは、学生時代だけでなく、社会に出て、自立した生活を送るためにも必要不可欠な能力です。上司や同僚、クライアントといった仕事でかかわる人たちと、協力関係や信頼関係を築けなければ、仕事で成果を上げることはできないからです。

　そこで、仕事には具体的にどのようなスキルが必要かを学習する授業を行うのもおすすめです。身近な職業を取り上げ、その職業にはどのようなソーシャルスキルが必要か、子どもたちに考えさせるのです。授業を通して、将来のためにもソーシャルスキルを身につけておくことが必要であることが理解できるでしょう。

　この授業は、職場体験の前後に行うとより効果的です。　▶▶ P.178〜179

さらに深く指導する❷ 「憧れの人」に近づくために必要なソーシャルスキルを学ぶ授業

　モデルとなる人物を想定して、その人の特長をあげていき、その人のようになるためにはどんなソーシャルスキルを身につければよいかを考える授業です。モデルには、生徒それぞれが「こんなふうになりたい」と憧れている人を選んでもらいます。ソーシャルスキルを深く理解するとともに、憧れの人に近づきたいという気持ちから、ソーシャルスキルを使おうという意欲を高める効果もあります。
　▶▶ P.180〜181

さらに深く指導する❸ ソーシャルスキルを分解して理解する授業

　本書ではコミュニケーションの基礎となる7つの基本スキルと、それよりも少し高度な応用スキルを取り上げています。しかし応用スキルも、構成されている行動に分解してみてみると、いくつかの基本スキルの組み合わせでできていることがわかります。このようなソーシャルスキルの構造がわかると、複雑なスキルも論理的に理解することができるようになります。

　この授業では、ソーシャルスキルを基本スキルに分解して理解することや、自分で基本スキルを組み合わせて新しいスキルを作ることにも挑戦します。　▶▶ P.182〜183

中学校でよくあるトラブル別
ソーシャルスキル指導法

学校生活の中で見られる人間関係のトラブルや集団生活での問題点などは、ソーシャルスキルの視点で子どもたちを指導することで、解決することも可能です。ここでは中学生にありがちな5つの悩みを例に挙げて、その指導例を紹介します。

Aさんの悩み 「掃除をさぼる男子がいる」

同じ班のある男子がいつも掃除をさぼることに怒っているAさんや班の女子たち。そのせいで、男子と女子が険悪な雰囲気になってしまっている。

身につけたいスキル
- 怒りに振り回されない　→ P.158
- 人を傷つけずに自分の意見を伝える → P.128
- ひとつのテーマで話し合う　→ P.100
- グループで協力して活動する　→ P.96

Aさんへの指導例

まず、「掃除は全員でやるべき。さぼるのは不公平だよね」と、Aさんたちが怒る気持ちは十分に理解できることを伝えます。そのうえで、「でも相手を責めては逆効果だよ」と、怒りに振り回されないほうがよいことを教えます。そして、冷静に、相手を無駄に傷つけないように、掃除をしてほしいことを伝えてみるよう、助言しましょう。

クラス全体への指導例

どうしたら全員で掃除ができるか、話し合う機会を作ります。掃除をすることで、見た目がきれいになり、衛生面がよくなることはもちろん、面倒だと思っても分担された仕事は果たすことが大切であること、不公平な態度がトラブルの原因になることなどに気づかせます。

Bくんの悩み 「授業中、うるさい子がいる」

授業中、一部の生徒がおしゃべりをする声がうるさくて集中できない。そのことにイライラして怒りを感じてしまうBくん。落ち着いて授業を受けられるようになりたいと訴える。

身につけたいスキル
- 怒りに振り回されない　→ P.158
- ストレスとうまく付き合う　→ P.166
- 気持ちを言葉にして伝える　→ P.162
- 人を傷つけずに自分の意見を伝える → P.128

Bくんへの指導例

イライラするときは、「怒りに振り回されないで、一度、冷静になろう」「気分をかえて落ち着こう」とアドバイス。そのうえで、相手とけんかなどにならないように気をつけながら、「静かにしてほしい」と伝えるよう指導します。

うるさい子への指導例

みんなの注目を得たいという理由でおしゃべりする生徒には、発表する機会を作ったり、教師の手伝いをさせたりして注目を集めるのもひとつの方法です。

Cさんの悩み 「みんなと仲よくなれない」

みんなが自分を無視して仲よくしてくれないと悩むCさん。Cさんは、自分から友だちに話しかけようとはしていないし、みんなが特に意地悪をしているわけでもない様子。

身につけたいスキル
- 気持ちよいあいさつをする　→ P.84
- 他者を尊重する　→ P.104
- 気持ちを言葉にして伝える　→ P.162
- 人に話しかける　→ P.132
- ひとつのテーマで話し合う　→ P.100
- SNSで上手にコミュニケーションする → P.148

Cさんへの指導例

Cさんの気持ちをよく聞いたうえで、「まずは、あいさつから始めてみたらどうかな？」「○○さんもひとりでいることがあるから、今度声をかけてみない？」などと提案します。また、相手を尊重しつつ、「わたしも一緒に○○したい」と気持ちを言葉にして伝えることの大切さも指導します。

クラス全体への指導例

どうしたらみんなが仲よくなれるか、話し合う機会を作ります。その際、対面でのかかわりだけでなく、SNSでコミュニケーションする場合の注意点なども伝えます。SNSは「人をいやな気持ちにさせるためのものではない」ことを指導しましょう。

Dさんの悩み 「不登校になった友だちをどうにかしたい」

同じ部の友だちが学校に来なくなって、欠席が続いていることを心配するDさん。早く学校に来てほしいし、また一緒に部活動をやりたいと思っているが、自分に何ができるか、悩んでいる。

身につけたいスキル
- 観る　→ P.62
- 友だちを励ます・元気づける　→ P.110
- 友だちの相談にのる　→ P.114
- 自分の気持ちを深く知る　→ P.154
- 人に話しかける　→ P.132
- 気持ちを言葉にして伝える　→ P.162
- 他者を尊重する　→ P.104

Dさんへの指導例

不登校の原因や背景はさまざま。そのため、まずは相手をよく理解することが大切です。Dさんには、「最近、かわったことはなかった？」と聞き、友だちの様子を振り返り、相手の状況や苦しみを察するよう、助言してみましょう。

そのうえで、「学校に来てほしい」「一緒に部活動をしたい」という気持ちを伝えてみることを提案します。本人と話ができる状況ならば、相談にのったり、元気づけたりする方法も指導するとよいでしょう。

クラス全体への指導

仲間が心配していることが本人に伝わるよう、授業ノートを交代で書いたり、手紙を書いたりして、プリントなどと一緒に届けることを提案します。しかし、不登校の理由はさまざまで、教師や生徒が直接かかわりにくい場合もあるので、本人の思いを尊重することも必要だと教えます。自分と同じように、他者にも複雑な気持ちがあることも伝えましょう。

職業ごとに必要とされるソーシャルスキルを学ぶ授業

クラス全体で、またはグループごとにひとつの職業を取り上げ、場面ごとにどんなソーシャルスキルが必要かを学ばせる授業です。ここでは、「飲食店の店員」を例にして、職場体験の事前・事後学習の一部として授業を行う場合の進め方を解説します。

職場体験の事前学習

1 授業の導入

授業の心得・ソーシャルスキルベーシックルール（P.31参照）を確認したうえで、今回の授業で学ぶ内容と、その目的を説明する。

説明ポイント
- 今回の授業で学ぶのは、職場で必要なソーシャルスキル。
- ソーシャルスキルは、社会に出てから、どんな仕事をする場合にも必要なもの。
- 職場体験でもさまざまな場面で、学んだソーシャルスキルが役立つ。
- どのような場面でどのようなソーシャルスキルが必要になるのかを理解したうえで、職場体験のときや社会に出たときにスキルを活用してほしい。

いらっしゃいませ。

2 仕事内容を理解する

職場体験のグループにわかれて、自分たちが体験する職業にはどんな仕事があるか、考える。

例：飲食店の店員の仕事内容
- 席に案内する。
- 注文を取る。
- 料理や飲み物を運ぶ。
- 水を入れる。
- 空いた食器を片付ける。
- お客さんと会話をする。
- お客さんからの電話に出る。
- お会計をする。
- お店の掃除をする。
- など

アドバイス
- 授業のプロセス 2〜5 で生徒が考えた内容を書き込めるプリントを用意しておく。
- 授業の前に、体験する職業の仕事内容を調べる時間を作ったり、本やインターネットで入手した資料などを用意しておいたりするとよい。
- 職場体験を行わない場合でも、興味のある職業について考えさせる。

3 仕事に必要なソーシャルスキルを理解する

2でリストアップした仕事内容には、どんなソーシャルスキルが必要か、考える。本書で取り上げているスキルを選択肢として与えて選ばせるとよい。

例：飲食店の店員に必要なソーシャルスキル

- 席に案内する
  - → **あいさつをするスキル**　「いらっしゃいませ」「お待たせしました」「ありがとうございました」など、あいさつをする。
  - → **質問するスキル**　人数やたばこを吸うかなどを質問する。
  - → **聴くスキル**　質問の答えやお客さんの要望を聴く。

- 料理や飲み物を運ぶ
  - → **観るスキル**　お客さんの様子をよく観察してタイミングよく料理を出す。
  - → **説明するスキル**　料理の内容を説明する。
  - → **グループで協力して活動するスキル**　料理を作る人やほかの店員と協力して、できた料理をタイミングよく運ぶ。

> **アドバイス**
> 「どんな場面で」「どんなことをするために」「どんなスキルが必要か」を具体的に考えるようにする。店員や教師など、身近な仕事を例に出して説明するとよい。

お待たせしました。

4 職場体験の目標を立てる

職場体験に向けて、どんな場面でどのようにソーシャルスキルを活用したいか、一人ひとり目標を立てる。

例：職場体験の目標

いちばんに「気持ちよいあいさつをするスキル」を意識して、お客さんにも職場の人にも自分からあいさつするようにする。

「聴くスキル」を使って、人の目を見て、きちんと話を聴くようにする。そして、お客さんの注文や職場の人の指示を間違えないようにする。

職場体験の事後学習

5 職場体験を振り返る

職場体験を終えた後、4で立てた目標は達成できたか、自己評価や気づいたこと、これからの課題などを書く。

振り返るポイント

- 目標の達成度はどのくらいか（5段階評価などで）。
- 目標について、よくできたところと、できなかったところ。
- 目標に挙げたソーシャルスキル以外で、いつ、どんなソーシャルスキルを活用したか。
- あまり上手に使えなかったソーシャルスキルは何か。
- 上手に使えなかったソーシャルスキルを、次はどんな場面で使えるようになりたいか。　など

「憧れの人」に近づくために必要な ソーシャルスキルを学ぶ授業

自分が憧れている人や尊敬している人を挙げ、
その人のようになるためには、どんなソーシャルスキルが必要かを考えさせる授業です。
自分の個性や将来の夢をあらためて考えるきっかけにもなります。

1 授業の導入

授業の心得・ソーシャルスキルベーシックルール（P.31 参照）を確認したうえで、今回の授業で学ぶ内容と、その目的を説明する。

説明ポイント

・今回の授業で学ぶのは、なりたい自分になるために必要なソーシャルスキル。
・ソーシャルスキルは、学校だけでなく、社会に出てからも必要。
・自分が憧れている人や尊敬している人をお手本にすると、自分がどういうソーシャルスキルを身につけるべきかがわかる。

2 憧れの人の尊敬する部分を書き出す

子どもたち一人ひとりに目標とする「憧れの人」の名前を具体的に挙げさせて、その人の好きなところ、見習いたいところなど、特徴を具体的に書き出す。

例：徳川家康の尊敬するところ

・子どものころ 10 年以上人質として暮らしたり、天下取りのチャンスをじっと待ち続けたり、忍耐力があるところ。
・長い戦国時代を終わらせて、平和な時代を作ったところ。
・「宝は家臣全員だ」と言って、家来を大事にしていたところ。
・井伊直政や本多忠勝など、優秀な人を見抜く目を持っていたところ。

アドバイス

・授業のプロセス 2 ～ 5 で生徒が考えた内容を書き込めるプリントを用意しておく。
・子どもによっては「憧れの人」がすぐに思い浮かばない場合もあるので、身近にいる保護者や先輩、スポーツ選手や芸能人のほか、歴史上の人物、アニメのキャラクターなどでもよいので、好きな人を選ぶように声をかけるとよい。

3 憧れの人に近づくために必要なスキルを考える

憧れの人の尊敬できる部分を踏まえて、そのような人になるためにはどんなソーシャルスキルを身につければいいのかを考える。本書で取り上げているスキルを選択肢として与えて選ばせるとよい。

例：徳川家康のようになるために必要なソーシャルスキル

怒りに振り回されないスキル
→ 気に入らないことがあって怒りがわいても、それに振り回されずに、冷静に状況判断しなければならないから。

考えるスキル
→ いろいろなピンチを乗り越えるには、落ち着いてよく考えることが必要だから。

感謝するスキル
→ 自分のまわりにいる人に感謝できると、人を大事にできるから。

観るスキル
→ 人のよいところを見つけるには、人をよく観察しなければならないから。

> **アドバイス**
> どんなソーシャルスキルが必要かを考えるとき、なぜそのスキルが必要だと思うのか、理由もいっしょに考えるように指導する。それが、ソーシャルスキルの大切さや活用法を理解することにつながる。

4 憧れの人に近づくための目標を立てる

3 で選んだスキルの中から、特に自分に足りないスキル、または今いちばん身につけたいスキルを選ばせる。そのスキルを身につけるためには、どういう場面で、どのようなことに気をつければよいか、目標を立てる。

例：徳川家康に近づくための目標

- いちばん身につけたいスキル→観るスキル。
- 人に会ったら、その人をよく観察して、まず、よいところを見つけるようにしたい。
- 1週間で、クラス全員のよいところを見つけたい。

> **アドバイス**
> 「1日○回スキルを使う」「1日○人の人に〜する」など、具体的な目標を立てるようにすると、目標達成へのモチベーションが高まる。

5 授業を振り返る

授業を振り返ってみての感想やこれからの意気込みなどを書かせる。

> **アドバイス**
> 授業の振り返りだけではなく、授業の後、目標を達成できているかを振り返る機会を作ることも必要。1週間なら1週間という期限を決めて、「目標の達成度」や「いつ、どんな場面でソーシャルスキルが使えたか」などがチェックできるシートを配布するとよい。また配布したシートは一度回収し、教師からの感想やアドバイスを書いて返すことも重要。

ソーシャルスキルを分解して理解する授業

応用スキルを7つの基本スキルで分解して考えたり、
基本スキルを組み合わせて応用スキルを作ったりする授業です。
複雑なスキルも分解して考えると、行動のプロセスが正しく理解できるようになります。

1 授業の導入

授業の心得・ソーシャルスキルベーシックルール（P.31参照）を確認したうえで、今回の授業で学ぶ内容と、その目的を説明する。

説明ポイント

- 今回の授業の目的は、応用スキルを分解して、その構造と具体的な行動を理解すること。
- 7つの基本スキル（聴く・話す・観る・理解する・考える・気持ちに気づく・自分を知る）を組み合わせると、さまざまな応用スキルができる。
- 基本スキルを上手に組み合わせれば、状況に合わせた新しいソーシャルスキルを作ることも可能。

スキルマップ

2 応用スキルの構造・手順を理解する

この本で取り上げている応用スキルが、7つの基本スキルの組み合わせでできていることを、具体例を挙げながら説明する。

例1：質問するスキル（→P.88）を分解した例

相手の話を聴いて、いったん考え、わからない部分を伝えて（話して）、話の内容を理解する。

例2：SNSで上手にコミュニケーションするスキル（→P.148）を分解した例

自分と相手には違いがあることを認めたうえで、相手のことをよく観て、誤解や間違いがないかを考え、相手の気持ちを察する。

3 応用スキルの構造・手順を考える

グループにわかれて、2で例として取り上げた以外の応用スキルについて、基本スキルで分解するとどうなるかを考え、発表する。そのうえで、それぞれの班の違いについて、意見や感想を出し合う。

例：他者をほめるスキル（→P.140）を分解した場合

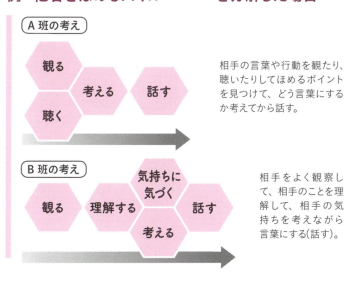

[A班の考え]
相手の言葉や行動を観たり、聴いたりしてほめるポイントを見つけて、どう言葉にするか考えてから話す。

[B班の考え]
相手をよく観察して、相手のことを理解して、相手の気持ちを考えながら言葉にする（話す）。

アドバイス
- 授業のプロセス3〜5で生徒が考えた内容を書き込めるシートを準備しておく。
- 応用スキルの分解の仕方に「正解」はないので、自由に考えてよいことを伝える。
- グループごとに、基本スキルが書かれた7枚のカードを用意しておくと、応用スキルの構造が視覚的に理解しやすくなるのでおすすめ。

4 基本スキルを組み合わせて新しいスキルを作る

中学生にありがちな人間関係のトラブルを例に出し、それを解決するためにはどんなソーシャルスキルが必要か、基本スキルを組み合わせて考える。

例：友だちから誤解されたときのスキルは？

クラスメイトと友だちのAさんの話をしていたら、Aさんに「自分の悪口を言って笑っている」と誤解されてしまいました。誤解を解くにはどんなスキルを使えばよいでしょうか？

[誤解を解くスキルの例]

まず、Aさんの様子を観て話しかけ、「Aさんのことを笑っているのではないよ」と本当の気持ちを伝える。そのうえで、Aさんの思いを聴いて気持ちを察し、よく考えて、あらためて「また一緒に帰ろう」と自分の気持ちを話す。

5 授業を振り返る

授業を振り返ってみての感想やこれからの意気込みなどを書かせる。

アドバイス
今後、自分が直面した問題を解決するには、どの基本スキルが必要かということを常に考え、意識するよう指導する。

著者PROFILE

石黒 康夫(いしぐろ やすお)
桜美林大学 リベラルアーツ学群 教授
博士(教育学)

一般社団法人こども家族早期発達支援学会顧問。東京都公立中学校教諭、教頭、校長、神奈川県逗子市教育委員会教育部長を経て現職。「子どもの良さを認める指導(SWPBS)」、「子どもの言葉で問いを創る授業」、解決志向型汎用会議ツール「ブリーフミーティング」などの研究を行っている。

星 雄一郎(ほし ゆういちろう)
國學院大學栃木短期大学 人間教育学科
子ども教育フィールド 准教授

法政大学大学院人文科学研究科心理学専攻博士後期課程を満期履修退学し、現職。東洋大学非常勤講師、帝京大学非常勤講師。大学院生時代から中学校を中心に、教育現場でソーシャルスキルトレーニングの指導をしながら、実践研究を行う。

STAFF

本文・別冊ワークシートデザイン
釜内由紀江・清水桂(GRiD)

カバーイラスト
岡本典子

本文イラスト
岡本典子・赤川ちかこ

編集制作
秋田葉子(WILL)
小川由希子

DTP
滝田梓・新井麻衣子(WILL)
稲富麻里

校正
村井みちよ

編集担当
遠藤やよい(ナツメ出版企画株式会社)

本書に関するお問い合わせは、書名・発行日・該当ページを明記の上、下記のいずれかの方法にてお送りください。電話でのお問い合わせはお受けしておりません。
・ナツメ社webサイトの問い合わせフォーム
　https://www.natsume.co.jp/contact
・FAX(03-3291-1305)
・郵送(下記、ナツメ出版企画株式会社宛て)
なお、回答までに日にちをいただく場合があります。正誤のお問い合わせ以外の書籍内容に関する解説・個別の相談は行っておりません。あらかじめご了承ください。

自律心を育む!生徒が変わる 中学生のソーシャルスキル指導法

2018年10月 4日　初版発行
2025年 3月 1日　第5刷発行

著　者	石黒 康夫(いしぐろ やすお) 星 雄一郎(ほし ゆういちろう)
発行者	田村正隆

© Ishiguro Yasuo, 2018
© Hoshi Yuuichirou, 2018

発行所　株式会社ナツメ社
　　　　東京都千代田区神田神保町1-52 ナツメ社ビル1F (〒101-0051)
　　　　電話　03(3291)1257(代表)　FAX 03(3291)5761
　　　　振替　00130-1-58661

制　作　ナツメ出版企画株式会社
　　　　東京都千代田区神田神保町1-52 ナツメ社ビル3F (〒101-0051)
　　　　電話　03(3295)3921(代表)

印刷所　ラン印刷社

ISBN978-4-8163-6536-2　　　　　　　　　　　　　　　　Printed in Japan
〈定価はカバーに表示しています〉
〈落丁・乱丁本はお取り替えします〉
本書の一部または全部を著作権法で定められている範囲を超え、ナツメ出版企画株式会社に無断で複写、複製、転載、データファイル化することを禁じます。

ナツメ社Webサイト
https://www.natsume.co.jp
書籍の最新情報(正誤情報を含む)は
ナツメ社Webサイトをご覧ください。

自律心を育む！
中学生の生徒が変わる
ソーシャルスキル指導法

別冊

ワークシート

本書に掲載しているトレーニングで使用するワークシートです。
別冊を取り外し、コピーしてお使いください。

「聴く」スキル

ワーク1　聴くスキルのポイントをおさえよう

◆ 人の話を聴くときは、どのような態度がよいと思いますか？
　話す人の気持ちを想像しながら書き出してみましょう。

(　　　　　　　　　　　　　　　　　　　　　　　　　　　　　　　　　　　　)

◆ 聴くスキルの4つのポイントをまとめましょう。

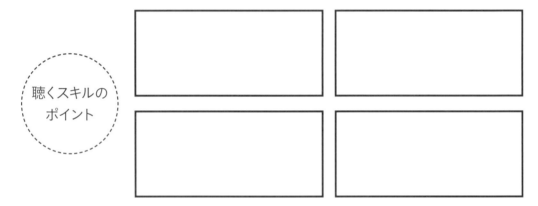

聴くスキルの
ポイント

ワーク2　話の聴き方の違いについて考えよう

◆ AとBのイラストやモデリングを見て、よいところや悪いところを書き出してみましょう。
　＜場面＞最近見た映画がおもしろかったので、そのことを友だちに話す。

[　　　　　　　　　　　　　　　　　　　　　　　]

ワーク3　聴くスキルの練習をしよう

◆ ペアになり、話をする役と話を聴く役に
わかれて聴くスキルの練習をします。
　　＜話す例1＞最近うれしかった出来事
　　＜話す例2＞好きな食べ物とその理由

◆ 練習した中で意識した聴くスキルはどんなことでしたか？

(　　　　　　　　　　　　　　　　　　　　　　　　　　　　　　　　　)

◆ あなたが聴く役のとき、どんなところがよかったかを相手にたずねて、記入しましょう。

(　　　　　　　　　　　　　　　　　　　　　　　　　　　　　　　　　)

◆ 聴くスキルがある会話のよいところは、どんなところですか？
　相手の気持ちや自分の気持ちも書いてみましょう。

(　　　　　　　　　　　　　　　　　　　　　　　　　　　　　　　　　)

今日の授業を振り返って

	まったく わからない ①	わからない ②	わかった ③	よく わかった ④

◆ 聴くスキルのポイントがわかりましたか？

◆ 今日学んだスキルを今後どんな場面で使おうと思いましたか？

(　　　　　　　　　　　　　　　　　　　　　　　　　　　　　　　　　)

ワークシート 2 → P.58-59

「話す」スキル

スキルマップ

年　組　番
名前

ワーク1　話すスキルのポイントをおさえよう

◆ 話すスキルにかかわる3つの要素をまとめましょう。

話すスキル
3つの要素

- □□□（　　　　　　）
- □□□（　　　　　　）
- □□□（　　　　　　）

ワーク2　話し方の違いについて考えよう

◆ 下のイラストやモデリングを見て、よいところや悪いところを書き出してみましょう。

＜場面＞部活の顧問の先生（または部長）に、家の用事で明日の練習に参加できないことを伝える。

A　「あのー、わたし明日部活行けないんだー。」（先生：……。）

B　「○○先生、今、お話ししてよろしいですか？明日、父と親せきの家に出かけなくてはいけなくなったので、○○部の練習をお休みさせてください。」（先生：はい わかりました。）

ワーク3　話すスキルの練習をしよう

◆ 次の内容を伝える場合、どのような話し方が適切でしょうか？　ペアで練習してみましょう。

＜話す内容＞あなたはテニス部の部長。今週の土曜日は試合。午前8時に駅集合。
持ち物はお弁当、交通費。テニス部のジャージを着てくること。

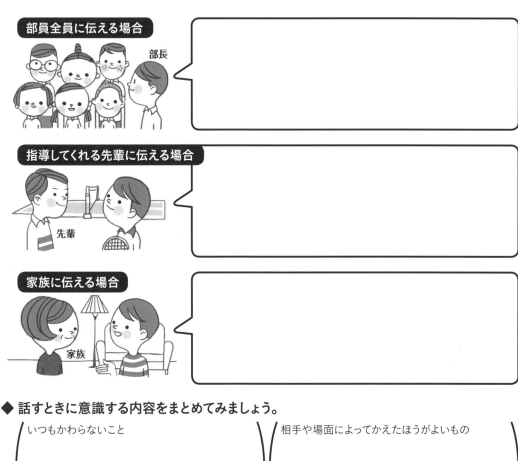

◆ 話すときに意識する内容をまとめてみましょう。

（いつもかわらないこと　　　　　　　　　　　）（相手や場面によってかえたほうがよいもの　　　　　　　　　　　）

◆ 相手のよかったところや練習してみた感想を記入しましょう。

（　　　　　　　　　　　　　　　　　　　　　　　　　　　　　　）

今日の授業を振り返って

	まったく わからない	わからない	わかった	よく わかった
◆ 話すスキルのポイントがわかりましたか？	①	②	③	④

◆ 今日学んだスキルを今後どんな場面で使おうと思いましたか？

（　　　　　　　　　　　　　　　　　　　　　　　　　　　　　　）

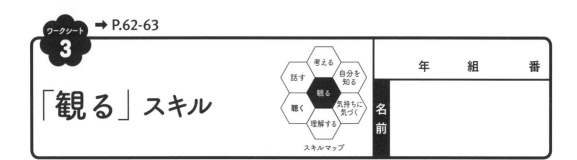

「観る」スキル

ワーク1　観るスキルのポイントをおさえよう

◆ どんなところに注目すれば、相手の気持ちやその場の状況を読み取ることができると思いますか？　観るスキルのポイントをおさえましょう。

注目するのは

観るスキルの
ポイント

☐（　　　　　　　）

☐（　　　　　　　）

☐（　　　　　　　）

ワーク2　話し方の違いについて考えよう

◆ 下のイラストやモデリングを見て、BくんやCさんはどんな気持ちだと思いますか？
なぜそう思ったのか理由も書きましょう。

（Bくんはどんな気持ちですか？　　　　　　　）（なぜそう思いましたか？　　　　　　　）

(Cさんはどんな気持ちですか？)（ なぜそう思いましたか？ ）

ワーク3　観るスキルの練習をしよう

◆ ワーク2の各場面について、観るスキルを使った場合はどのような展開になると思いますか？

<場面A> あなたがAくんだったら……

(Bくんのどこに注目しますか？)（ どんな声かけや行動を取りますか？ ）

<場面B> あなたがEさんだったら……

(Cさんのどこに注目しますか？)（ どんな声かけや行動を取りますか？ ）

◆ 観るスキルを使った感想やペアの相手のよかったところなどを記入しましょう。

(　　　　　　　　　　　　　　　　　　　　　　　　　　　　　　　　　　　)

今日の授業を振り返って

	まったく わからない	わからない	わかった	よく わかった
◆ 観るスキルのポイントがわかりましたか？	①	②	③	④

◆ 今日学んだスキルを今後どんな場面で使おうと思いましたか？

(　　　　　　　　　　　　　　　　　　　　　　　　　　　　　　　　　　　)

ワークシート 4

「理解する」スキル

スキルマップ: 考える / 話す / 自分を知る / 観る / 聴く / 気持ちに気づく / 理解する

年　組　番　名前

ワーク1　理解するスキルのポイントをおさえよう

◆ 学校やそれ以外のどんな場面で人の話や説明を聴く機会があるでしょうか？

（　　　　　　　　　　　　　　　　　　　　　　　　　　　　）

◆ 話の内容が理解できないと、どんなことが困ると思いますか？

（　　　　　　　　　　　　　　　　　　　　　　　　　　　　）

◆ 理解するスキルのポイントをまとめましょう。

理解するには、話の中の　□□　□□　□□　に着目します。

□□（　　　　　　　　　　　　　　　　　　　　　　　　）

□□（　　　　　　　　　　　　　　　　　　　　　　　　）

□□（　　　　　　　　　　　　　　　　　　　　　　　　）

ワーク2　話の内容を整理しよう

◆ 下のイラストやモデリングを見て、どんなことがわかりますか？　書き出してみましょう。

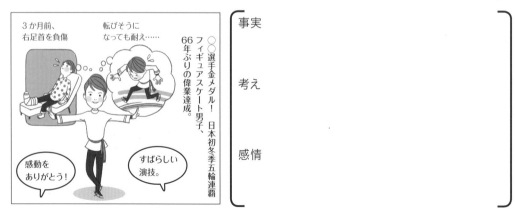

事実

考え

感情

◆ メモしたことをもとに、自分の言葉で言いかえてみましょう。

ワーク3　理解するスキルの練習をしよう

◆ ペアになって、「最近楽しかった出来事」を話します。
　相手に話す内容を考えてワークシートに記入しましょう。

(　　　　　　　　　　　　　　　　　　　　　　　　　　　　　　)

◆ 相手の話を聴き、理解するポイントをメモしましょう。

　事実
(　　　　　　　　　　　　　　　　　　　　　　　　　　　　　　)

　考え
(　　　　　　　　　　　　　　　　　　　　　　　　　　　　　　)

　感情
(　　　　　　　　　　　　　　　　　　　　　　　　　　　　　　)

◆ 理解するスキルは、人の話を聴く以外に、どんなときに役立つと思いますか？
　グループで話し合って、書き出してみましょう。

(　　　　　　　　　　　　　　　　　　　　　　　　　　　　　　)

◆ 理解するスキルを使った感想やペアの相手のよかったところなどを記入しましょう。

(　　　　　　　　　　　　　　　　　　　　　　　　　　　　　　)

今日の授業を振り返って

	まったく わからない	わからない	わかった	よく わかった
	①	②	③	④

◆ 理解するスキルのポイントが
　わかりましたか？

◆ 今日学んだスキルを今後どんな場面で使おうと思いましたか？

(　　　　　　　　　　　　　　　　　　　　　　　　　　　　　　)

ワーク1　失敗の原因について考えよう

◆ あなたがついうっかり失敗するときはどんなときですか？

(　　　　　　　　　　　　　　　　　　　　　　　　　　　　　　　　)

◆ 失敗の原因を探ってみましょう

失敗の原因は……

[　　　　　　]
[　　　　　　] ▶ [　　　　　　]
[　　　　　　]　　　　立ち止まって考えよう！

ワーク2　「STOP&THINK」で失敗は防げる

◆ 下のイラストやモデリングを見て、よいところや悪いところを書き出してみましょう。

＜場面＞友だちにメールを送ろうと思ったら……。

[　　　　　　　　　　]

[　　　　　　　　　　]

ワーク3　考えるスキル「STOP&THINK」の練習をしよう

◆ 下のイラストを見て、各場面のよくないところを書き出してみましょう。
　また、考えるスキルを使った場合の展開も記入しましょう。

＜場面＞今日は英検の試験日。昨夜は緊張してよく眠れず、朝寝坊してしまった。

A
・よくないところ

・考えるスキルを使っていたら……？

B
・よくないところ

・考えるスキルを使っていたら……？

C
・よくないところ

・考えるスキルを使っていたら……？

D
・よくないところ

・考えるスキルを使っていたら……？

◆ 考えるスキルを練習してみた感想を記入しましょう。
（　　　　　　　　　　　　　　　　　　　　　　　　　　　）

今日の授業を振り返って

	まったく わからない	わからない	わかった	よく わかった
	①	②	③	④

◆ 考えるスキル「STOP & THINK」の
　ポイントがわかりましたか？

◆ 今日学んだスキルを今後どんな場面で使おうと思いましたか？
（　　　　　　　　　　　　　　　　　　　　　　　　　　　）

ワークシート 6 「気持ちに気づく」スキル

→ P.74-75

年　　組　　番

名前

ワーク1　気持ちに気づくスキルのポイントをおさえよう

◆ 気持ちに気づくには、どこに着目するとよいと思いますか？　下にまとめてみましょう。

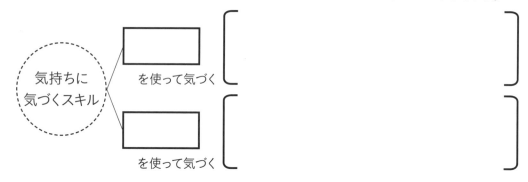

気持ちに気づくスキル

[　　　　　]を使って気づく　[　　　　　　　　　　　　　　]

[　　　　　]を使って気づく　[　　　　　　　　　　　　　　]

ワーク2　複雑な気持ちの変化を捉えよう

◆ 下のイラストやモデリングを見て、あなたがAくんだったらどんな気持ちになりますか？
それぞれの場面で書き出してみましょう

1 [　　　　　　　　　　　]

2 [　　　　　　　　　　　]

3 [　　　　　　　　　　　]

4 [　　　　　　　　　　　]

ワーク3　気持ちに気づくスキルの練習をしよう

◆ 気持ちを表す言葉を表に書き出してみましょう。

うれしい	😄				
楽しい	🙂				
イライラ	😠				

◆ 上記の言葉を「喜怒哀楽」の4つの状態に分類し、上の表に記入しましょう。

喜 🙂　　怒 😠　　哀 ☹　　楽 😄

◆ 分類したグループからひとつ言葉を選び、どのような身体の変化があるか下に記入しましょう。

	⇒	
	⇒	
	⇒	
	⇒	

◆ 気持ちに気づくスキルを練習した感想を記入しましょう。

(　　　　　　　　　　　　　　　　　　　　　　　　　　　　)

今日の授業を振り返って

◆ 気持ちに気づくスキルのポイントがわかりましたか？

まったくわからない ①　わからない ②　わかった ③　よくわかった ④

◆ 今日学んだスキルを今後どんな場面で使おうと思いましたか？

(　　　　　　　　　　　　　　　　　　　　　　　　　　　　)

ワークシート 7 → P.78-79

「自分を知る」スキル

スキルマップ：考える／話す／観る／聴く／自分を知る／気持ちに気づく／理解する

年　組　番　名前

ワーク1　自分を知るスキルのポイントをおさえよう

◆ 自分を知るには、どんなことに着目したらよいでしょうか？

自分を知る ＝（　　　　　　　　　　）について考えること

自分らしさ
- （　　　　　　　　　　　　　　　　）
- （　　　　　　　　　　　　　　　　）

ワーク2　他者の特徴と個性に着目しよう

◆ あなたの学校の先生について、一緒に考えてみましょう。

特徴
- 性格
- 得意なこと・好きなこと
- 苦手なこと

個性
- 目標の人・尊敬する人
- その理由

↓

自分が大切にしていること
＝
興味・価値観

（　　　）を知ることは、（　　　）を知ることにつながっている。

ワーク3　自分を見つめ直してみよう

◆ 自分の特徴や個性について考え、下に記入しましょう。

特徴

性格

得意なこと・好きなこと

苦手なこと

個性

目標の人・尊敬する人

その理由

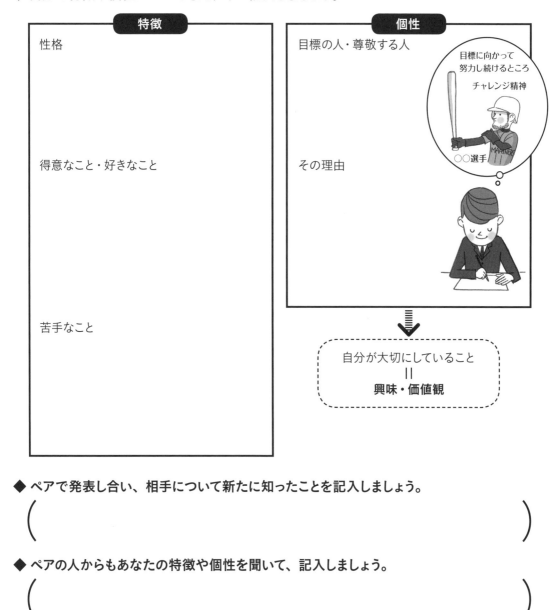

自分が大切にしていること
＝
興味・価値観

◆ ペアで発表し合い、相手について新たに知ったことを記入しましょう。
(　　　　　　　　　　　　　　　　　　　　　　　　　　　　　　)

◆ ペアの人からもあなたの特徴や個性を聞いて、記入しましょう。
(　　　　　　　　　　　　　　　　　　　　　　　　　　　　　　)

今日の授業を振り返って

まったくわからない	わからない	わかった	よくわかった
①	②	③	④

◆ 自分を知るスキルのポイントがわかりましたか？

◆ 今日学んだスキルを今後どんな場面で使おうと思いましたか？
(　　　　　　　　　　　　　　　　　　　　　　　　　　　　　　)

ワークシート 8

「気持ちよいあいさつ・自己紹介をする」スキル

スキルマップ: 考える／話す／自分を知る／観る／聴く／気持ちに気づく／理解する

年　組　番
名前

ワーク1　あいさつ・自己紹介のスキルのポイントをおさえよう

◆ どのようにあいさつをすれば「気持ちよいあいさつ」になると思いますか？
（　　　　　　　　　　　　　　　　　　　　　　　　　　　　　　　　　　）

◆ 気持ちよいあいさつのポイントをまとめましょう。

（声は…　　　　　　　　　　　）（表情は…　　　　　　　　　　　）

（態度は…　　　　　　　　　　　）（言葉は…　　　　　　　　　　　）

◆ 自己紹介で伝えることを整理しましょう。

❶ ＿＿＿＿＿＿＿＿＿＿＿＿　　❷ ＿＿＿＿＿＿＿＿＿＿＿＿

❸ ＿＿＿＿＿＿＿＿＿＿＿＿　　❹ ＿＿＿＿＿＿＿＿＿＿＿＿

◆ 気持ちよいあいさつ・自己紹介をするスキルに必要な基本スキルを考え、上のスキルマップを塗りましょう。

ワーク2　言葉づかいや態度に着目しよう

◆ **A** と **B** のイラストやモデリングを見て、よいところや悪いところを書き出してみましょう。

＜場面＞入学したばかりの学校の新しいクラスで自己紹介する。

A　こんちは、夏目太郎っす。趣味はないっす。どうも。

［　　　　　　　　　　　　　］

B
こんにちは。はじめまして。
ぼくの名前は夏目太郎です。
特技は空手です。3歳から始めて、
今は初段です。今年中に
2段の試験に合格したいです。
よろしくお願いします！

ワーク3　あいさつ・自己紹介をするスキルの練習をしよう

◆ 自己紹介する内容を書き出しましょう。

- あいさつ（　　　　　　　　　　　　　　　　　　　　　　　）
- 名前（　　　　　　　　　　　　　　　　　　　　　　　）
- 知ってもらいたいこと（　　　　　　　　　　　　　　　　　　　　　　　）
- 詳しく説明（　　　　　　　　　　　　　　　　　　　　　　　）
- 結びの言葉（　　　　　　　　　　　　　　　　　　　　　　　）

◆ グループで自己紹介をし、よかった点やもっとこうしたほうがよくなる点などを話し合って記入しましょう。

_____ さん _____

_____ さん _____

今日の授業を振り返って

	まったくわからない ①	わからない ②	わかった ③	よくわかった ④

◆ 気持ちよいあいさつ・自己紹介をするスキルのポイントがわかりましたか？

◆ 今日学んだスキルを今後どんな場面で使おうと思いましたか？

（　　　　　　　　　　　　　　　　　　　　　　　　　　　　）

ワークシート 9 ➡ P.88-89

「質問する」スキル

スキルマップ: 考える／自分を知る／話す／観る／気持ちに気づく／聴く／理解する

年　組　番　名前

ワーク1　質問するスキルのポイントをおさえよう

◆ 質問するスキルのポイントをまとめましょう。

□□□（　　　　　　　　　　　　　　　　　　　　　　）

□□□（　　　　　　　　　　　　　　　　　　　　　　）

◆ 質問するスキルに必要な基本スキルを考え、上のスキルマップを塗りましょう。

ワーク2　場面に合う質問の仕方を考えよう

◆ 下のイラストやモデリングを見て、よいところや悪いところを書き出してみましょう。

<場面>グループで行く校外学習の話し合いで、これからすべきことの説明を聞く。

［Aさん　　　　　　　　　　　　　］　［Bさん　　　　　　　　　　　　　］

[Cさん   ] [Dさん   ]

ワーク3　質問するスキルの練習をしよう

◆ 下記の場面では、どのような質問をしたらよいでしょうか？

＜場面1＞この前観たドラマがおもしろかったと話をする友だちに質問する。

[   ]

＜場面2＞部活の先輩から今日の練習のまとめ役を頼まれた。内容は「いつもどおり」と言われたが、
　　　　　自信がないので質問する。

[   ]

◆ ペアになり、記入した内容をもとに交代で質問する練習をしましょう。
　練習した感想や相手のよかったところを記入しましょう。

[   ]

今日の授業を振り返って

	まったく わからない	わからない	わかった	よく わかった
	①	②	③	④

◆ 質問するスキルのポイントが
　わかりましたか？

◆ 今日学んだスキルを今後どんな場面で使おうと思いましたか？

(   )

ワークシート 10 → P.92-93

「説明する」スキル

スキルマップ：考える／自分を知る／話す／観る／気持ちに気づく／聴く／理解する

年　組　番　名前

ワーク1　説明するスキルのポイントをおさえよう

◆ 説明するスキルのポイントをまとめましょう。

□	（　　　　　　　　　　）
□	（　　　　　　　　　　）
□	（　　　　　　　　　　）

◆ 説明するスキルに必要な基本スキルを考え、上のスキルマップを塗りましょう。

ワーク2　説明の仕方について考えてみよう

◆ 下のイラストやモデリングを見て、よいところや悪いところを書き出してみましょう。

＜場面＞先生からストップウォッチを片づけてくるように言われ、体育館に向かっていたら、先輩に呼び止められた。

A ［　　　　　　　　　　］

B ［　　　　　　　　　　］

C ［　　　　　　　　　　］

ワーク3　説明するスキルの練習をしよう

◆ グループの代表者から聴いたイメージを絵にしてみましょう。

```
┌─────────────────────────────────────────┐
│                                         │
│                                         │
│                                         │
│                                         │
│                                         │
│                                         │
│                                         │
│                                         │
└─────────────────────────────────────────┘
```

◆ 「最近知ったスゴイこと」を思い浮かべ、下記に記入しましょう。

(　　　　　　　　　　　　　　　　　　　　　　　　　　　　　　)

◆ ペアになり、記入した内容をもとに交代で説明する練習をしましょう。
　練習した感想や相手のよかったところを記入しましょう。

(　　　　　　　　　　　　　　　　　　　　　　　　　　　　　　)

今日の授業を振り返って

	まったく わからない ①	わからない ②	わかった ③	よく わかった ④

◆ 説明するスキルのポイントが
　わかりましたか？

◆ 今日学んだスキルを今後どんな場面で使おうと思いましたか？

(　　　　　　　　　　　　　　　　　　　　　　　　　　　　　　)

ワーク1　計画→実行までの流れを知ろう

◆ 計画がうまく実行できなかった経験を思い出し、その原因を書き出してみましょう。
(　　　　　　　　　　　　　　　　　　　　　　　　　　　　　　　　　　　　　　)

◆ 計画を立ててから、実行するまでの流れを確認しましょう。

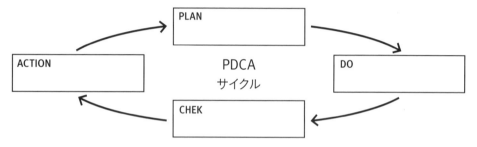

◆ グループで協力して活動するスキルに必要な基本スキルを考え、上のスキルマップを塗りましょう。

ワーク2　計画の立て方を学ぼう

◆ 計画を立てて実行するまでの具体的な手順をまとめましょう。

◆ グループで計画を立てるときに気をつけることはどのようなことでしょうか？
(　　　　　　　　　　　　　　　　　　　　　　　　　　　　　　　　　　　　　　)

ワーク3　協力して計画を立ててみよう

◆ グループになり、「修学旅行2日目の班行動」の計画をワークシートに記入する。

　　　　　　　　　　　　　　　　　　　　　　　　　　　　　　　　　　　　　　　の計画

メンバー	係	メンバー	係
・ ・ ・ ・ ・		・ ・ ・ ・ ・	

目的		目標と期限	

TO DO リスト

何をするか	誰が	いつまでに
☐		
☐		
☐		
☐		
☐		
☐		
☐		
☐		

予想される問題点・トラブル	対策
☐	☐
☐	☐
☐	☐
☐	☐
☐	☐

今日の授業を振り返って

	まったく わからない ①	わからない ②	わかった ③	よく わかった ④

◆ グループで協力して活動（計画・実行・協力）するスキルのポイントがわかりましたか？

◆ 今日学んだスキルを今後どんな場面で使おうと思いましたか？

(　　　　　　　　　　　　　　　　　　　　　　　　　　　　　　　　　)

ワークシート 12 → P.100-101

「ひとつのテーマで話し合う」スキル

年　組　番
名前

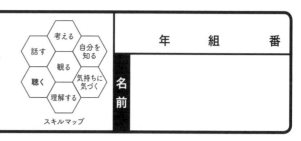

スキルマップ

ワーク1　話し合うスキルのポイントをおさえよう

◆ ひとつのテーマで話し合うときのポイントをまとめましょう。

◆ ひとつのテーマで話し合うスキルに必要な基本スキルを考え、上のスキルマップを塗りましょう。

ワーク2　話し合いの進め方を考えてみよう

◆ 下のイラストやモデリングを見て、よいところや悪いところを書き出してみましょう。

＜場面＞合唱コンクールの自由曲決め

[　　　　　　　　　　]

[　　　　　　　　　　]

◆ 話し合いに必要なルールを確認し、下記に当てはまる言葉を記入しましょう。

・発言は　[　　　　　]　して指名されてから行う。

・[　　　　　]　な言葉を使う。

・友だちの意見は　[　　　　　]　までよく聴く。

・意見は　[　　　　　]　を言ってから　[　　　　　]　を述べる。

・友だちの意見がわからないときは　[　　　　　]　する。

・自分の意見にとらわれすぎず、テーマの　[　　　　　]　に　[　　　　　]　する。

ワーク3　話し合うスキルの練習をしよう

◆ 合唱コンクールの自由曲として、自分がよいと思った曲名とその理由を記入しましょう。

（曲名　　　　　　　　　）（理由　　　　　　　　　　　　　　　　　　）

（曲名　　　　　　　　　）（理由　　　　　　　　　　　　　　　　　　）

◆ グループになり、議長と書記を決め、話し合いのルールを確認してから、話し合いを始めます。話し合うスキルのポイントを意識して、自分の意見を発表しましょう。

◆ グループの話し合いで出た意見やまとまった曲を記入しましょう。

（曲名　　　　　　　　　）（理由　　　　　　　　　　　　　　　　　　）

（グループの意見　　　　　　　　　　　　　　　　　　　　　　　　　　）

今日の授業を振り返って

	まったく わからない ①	わからない ②	わかった ③	よく わかった ④

◆ ひとつのテーマで話し合うスキルのポイントがわかりましたか？

◆ 今日学んだスキルを今後どんな場面で使おうと思いましたか？

（　　　　　　　　　　　　　　　　　　　　　　　　　　　　　　　　　）

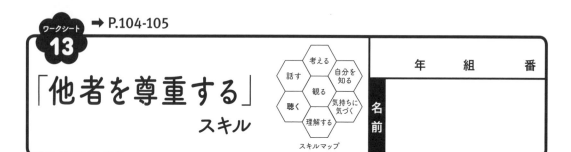

ワーク1　他者を尊重するスキルのポイントをおさえよう

◆ 他者を尊重するスキルについて、自分を知るスキルを振り返りながらまとめましょう。

自分を知る ＝ 自分の（　　　　　）や（　　　　　）を知り言葉にすること。

他者を尊重する ＝ 他者の（　　　　　）や（　　　　　）を認めること。

自分が興味を持っていることや大切にしていることと同じように、
他者が（　　　　　）や（　　　　　　　　）を理解し認める。

◆ 他者を尊重するスキルに必要な基本スキルを考え、上のスキルマップを塗りましょう。

ワーク2　お互いの気持ちの変化を感じとろう

◆ 下のイラストやモデリングを見て、A先生とB先生の気持ちはどのように変化したと思いますか？　下記に書き出してみましょう。

[A先生]　　　　　　　　　　　[B先生]

ワーク3　自分を見つめ直してみよう

◆ 自分の特徴や個性を記入し、グループで発表しましょう。

特徴

性格

得意なこと・好きなこと

苦手なこと

個性

目標の人・尊敬する人

その理由

↓

自分が大切にしていること
＝
興味・価値観

◆ グループの人の発表を聞いて感じたこと、自分と同じことや違うことなどを記入しましょう。

_____ さん _____

_____ さん _____

_____ さん _____

◆ グループの人からの感想を聞いて感じたことを記入しましょう

(　　　　　　　　　　　　　　　　　　　　　　　　　　　　　　　)

今日の授業を振り返って

	まったく わからない	わからない	わかった	よく わかった
◆ 他者を尊重するスキルのポイントがわかりましたか？	①	②	③	④

◆ 今日学んだスキルを今後どんな場面で使おうと思いましたか？

(　　　　　　　　　　　　　　　　　　　　　　　　　　　　　　　)

ワークシート 14 「友だちを励ます・元気づける」スキル

→ P.110-111

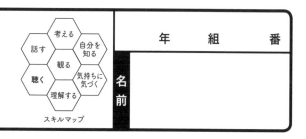

スキルマップ

| 年 | 組 | 番 |

名前

ワーク1　励ますスキルのポイントをおさえよう

◆ 悩んでいるときや落ち込んでいるときに、励まされた経験はありますか？

（　　　　　　　　　　　　　　　　　　　　　　　　　　　　　　　　　　　）

◆ 友だちを励ます・元気づけるスキルのポイントをまとめましょう。

□	（　　　　　　　　　　　　　　　　　　　　　　　　）
□	（　　　　　　　　　　　　　　　　　　　　　　　　）
□	（　　　　　　　　　　　　　　　　　　　　　　　　）

◆ 友だちを励ます・元気づけるスキルに必要な基本スキルを考え、上のスキルマップを塗りましょう。

ワーク2　励ますときの声かけや態度に注目しよう

◆ 下のイラストやモデリングを見て気がついた点を書き出してみましょう。

[　　　　　　　　　　　　　　　　　　]

ワーク3　友だちを励ます・元気づけるスキルの練習をしよう

◆ 下記の場面で、あなただったらAくんとBさんをどのように励ましますか？

＜場面1＞両親から誕生日に腕時計をプレゼントされたAくん。自分がほしかったモデルではなく、正直がっかり。そのときは喜んだが、なんとなく胸の辺りがもやもやする。

(　　　　　　　　　　　　　　　　　　　　　　　　　　　　　　　　　　　　)

＜場面2＞Bさん、Cさん、Dさんは仲よし3人組。ある日Bさんは、ほかの2人が遊んでいるところをたまたま見てしまった。どうして？　それ以来、何となくギクシャクしている。

(　　　　　　　　　　　　　　　　　　　　　　　　　　　　　　　　　　　　)

◆ ペアになり、励ますスキルの練習をしましょう。
　　相手のよかったところや練習した感想を記入しましょう。

(　　　　　　　　　　　　　　　　　　　　　　　　　　　　　　　　　　　　)

今日の授業を振り返って

	まったくわからない ①	わからない ②	わかった ③	よくわかった ④

◆ 友だちを励ます・元気づけるスキルのポイントがわかりましたか？

◆ 今日学んだスキルを今後どんな場面で使おうと思いましたか？

(　　　　　　　　　　　　　　　　　　　　　　　　　　　　　　　　　　　　)

ワークシート 15 → P.114-115

「友だちの相談にのる」スキル

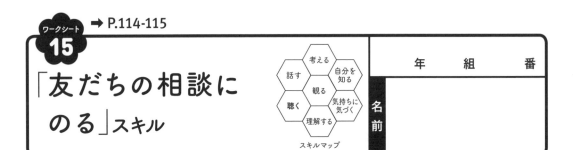

年	組	番

名前

ワーク1　相談にのるスキルのポイントをおさえよう

◆ 誰かに悩みを相談したことはありますか?
　相談にのってもらってどのように感じましたか?

(　　　　　　　　　　　　　　　　　　　　　　　　　　　　)

◆ 友だちの相談にのるスキルのポイントをまとめましょう。

	= (	)
	= (	)
	= (	)

◆ 友だちの相談にのるスキルに必要な基本スキルを考え、上のスキルマップを塗りましょう。

ワーク2　声かけや態度の違いに着目しよう

◆ 下のイラストやモデリングを見て気がついた点を書き出してみましょう。

Aさん

[Bさん

]
[Cさん

]

ワーク3　友だちの相談にのるスキルの練習をしよう

◆ 下記の場面で、あなただったらどのように相談にのりますか？

＜場面1＞友だちがケンカをしてしまった。自分にも悪い点があったと思っているが、相手の言い方や態度に納得できない。向こうが謝るべきと思う。一方で、早く仲直りしたいとも思っている。

(
)

＜場面2＞友だちの部活動の先輩たちが活動方針を巡って対立してしまった。どちらの先輩からも味方になるように頼まれている。できればもう一度話し合って解決してほしいと思っている。

(
)

◆ ペアになり、相談にのるスキルの練習をしましょう。
　相手のよかったところや練習した感想を記入しましょう。

(
)

今日の授業を振り返って

	まったく わからない ①	わからない ②	わかった ③	よく わかった ④

◆ 友だちの相談にのるスキルのポイントが
　わかりましたか？

◆ 今日学んだスキルを今後どんな場面で使おうと思いましたか？

(
)

ワークシート 16 ➜ P.118-119

「友だちに謝る」スキル

スキルマップ：考える／話す／自分を知る／観る／聴く／気持ちに気づく／理解する

年　組　番
名前

ワーク1　友だちに謝るスキルのポイントをおさえよう

◆ 自分が悪いのに、素直に謝れないのはなぜだと思いますか？
　グループで話し合って記入しましょう。

（　　　　　　　　　　　　　　　　　　　　　　　　　　　　　　　　　　）

◆ 友だちに謝るスキルのポイントをまとめましょう。

	（　　　　　　　　　　　　　　　）
	（　　　　　　　　　　　　　　　）
	（　　　　　　　　　　　　　　　）

◆ 友だちに謝るスキルに必要な基本スキルを考え、上のスキルマップを塗りましょう。

ワーク2　謝るときの言葉づかいや態度に注目しよう

◆ 下のイラストやモデリングを見て、気がついた点を書き出してみましょう

＜場面＞友だちから借りていたノートにジュースをこぼして、汚してしまった。

ア　ごめん、ごめん。猫がさ、机の上に飛び乗ってきてさ。そんなにムキになるなよ。

イ　だから謝ってるじゃん。そんな大事なノートなら人に貸すなよ。

ウ　たったの一滴じゃん。こんなの汚れのうちに入らないよ。オレは悪くないからね。

エ　ごめん。はいはい、オレの責任だ。二度と汚さないよ。どうもすいません。

オ　ノートを汚しちゃって、ごめんね。二度とこんなことがないように気をつけるよ。先生にはぼくが汚してしまったことを正直に言うよ。

[   ]

ワーク3　友だちに謝るスキルの練習をしよう

◆ 下のイラストのように、AさんはBさんを怒らせてしまいました。あなたがAさんだったらどのように謝りますか？　吹き出しの中に記入しましょう。

◆ 記入した内容をもとに、ペアになって謝るスキルの練習をしましょう。
　相手のよかったところや練習した感想を記入しましょう。

(   )

今日の授業を振り返って

	まったく わからない ①	わからない ②	わかった ③	よく わかった ④

◆ 友だちに謝るスキルのポイントが
　わかりましたか？

◆ 今日学んだスキルを今後どんな場面で使おうと思いましたか？

(   )

ワークシート 17 → P.122-123

「上手に断る」スキル

スキルマップ: 考える / 話す / 自分を知る / 観る / 聴く / 気持ちに気づく / 理解する

年　組　番　名前

ワーク1　上手に断るスキルのポイントをおさえよう

◆ 上手に断るにはどのようにしたらよいと思いますか？　書き出してみましょう。

(　　　　　　　　　　　　　　　　　　　　　　　　　　　　　　　　)

◆ 上手に断るスキルのポイントをまとめましょう。

❶ ＿＿＿＿＿＿＿＿＿＿＿　　❷ ＿＿＿＿＿＿＿＿＿＿＿

❸ ＿＿＿＿＿＿＿＿＿＿＿　　❹ ＿＿＿＿＿＿＿＿＿＿＿

◆ 上手に断るスキルに必要な基本スキルを考え、上のスキルマップを塗りましょう。

ワーク2　断るときの言葉や態度に注目しよう

◆ 下のイラストやモデリングを見て、よいところや悪いところを書き出してみましょう。

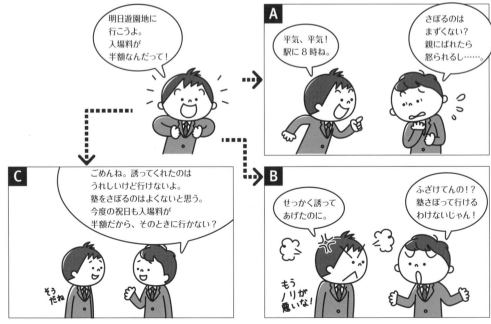

明日遊園地に行こうよ。入場料が半額なんだって！

A
平気、平気！駅に8時ね。
さぼるのはまずくない？親にばれたら怒られるし……。

B
せっかく誘ってあげたのに。
ふざけてんの！？塾さぼって行けるわけないじゃん！
もうノリが悪いな！

C
ごめんね。誘ってくれたのはうれしいけど行けないよ。塾をさぼるのはよくないと思う。今度の祝日も入場料が半額だから、そのときに行かない？
そうだね。

A [　]

B [　]

C [　]

ワーク3　上手に断るスキルの練習をしよう

◆ 下記の場面で、Aくんの断り方を考えて記入しましょう。

＜場面＞Aくんは「今日発売の○○のゲームソフトを買いたいんだけど、お金を忘れちゃったから貸してくれない？」とBくんに頼まれた。Aくんはお金を持っていたが、母親にお使いを頼まれていた。

(　)

◆ ペアになり、それぞれの役を交代で練習しましょう。
相手のよかったところや練習した感想を記入しましょう。

(　)

今日の授業を振り返って

| | まったく
わからない
① | わからない
② | わかった
③ | よく
わかった
④ |

◆ 上手に断るスキルのポイントがわかりましたか？

◆ 今日学んだスキルを今後どんな場面で使おうと思いましたか？

(　)

ワークシート 18 → P.128-129

「人を傷つけずに自分の意見を伝える」スキル

スキルマップ：考える／自分を知る／話す／観る／気持ちに気づく／聴く／理解する

年	組	番

名前

ワーク1　自分の意見の伝え方について考え、ポイントをまとめよう

◆ 自分の意見を主張する方法を考え、それぞれの長所と短所を書き出してみましょう。

[　　　]より[　　　]を優先する
（長所　　　　　）（短所　　　　　）

[　　　]より[　　　]を優先する
（長所　　　　　）（短所　　　　　）

[　　　]の気持ちを正直に表現し、[　　　]も大切にする
（長所　　　　　）（短所　　　　　）

◆ 人を傷つけずに自分の意見を伝えるスキルのポイントを記入しましょう。

❶（　　　）を卑下したり、（　　　）を見下したりしない。

❷ 自分の（　　　）に正直になる。

❸ 自分の（　　　）をはっきりと伝える。

❹ 自分の（　　　）や（　　　）に責任を持つ。

❺ 相手の（　　　）を考える。

◆ 人を傷つけずに自分の意見を伝えるスキルに必要な基本スキルを考え、上のスキルマップを塗りましょう。

ワーク2　意見を伝えるときの言葉や態度に注目しよう

◆ 下のイラストやモデリングを見て、気がついた点を書き出してみましょう。

[　　　　　　　　　　　]

[　　　　　　　　　　　]

[　　　　　　　　　　　]

ワーク3　人を傷つけずに自分の意見を伝えるスキルの練習をしよう

◆ 下記の場面で、Bさんはどのように意見を伝えたらよいと思いますか？

　＜場面＞学級活動の時間に、遠足の服装を決めている。Aさんは「私服がよい」と主張。Bさんは「体操服がよい」と考えている。

(　　　　　　　　　　　)

◆ ペアになり、交代で上記の内容をスキルを使って伝えましょう。
　相手のよかったところや練習した感想を記入しましょう。

(　　　　　　　　　　　)

今日の授業を振り返って

| | まったく わからない ① | わからない ② | わかった ③ | よく わかった ④ |

◆ 人を傷つけずに自分の意見を伝えるスキルのポイントがわかりましたか？

◆ 今日学んだスキルを今後どんな場面で使おうと思いましたか？

(　　　　　　　　　　　)

ワークシート 19 → P.132-133

「人に話しかける」スキル

年　組　番
名前

ワーク1　話しかける場面を想像してみよう

◆ 人に話しかけるときには、どんな場面があるか書き出してみましょう。
(　　　　　　　　　　　　　　　　　　　　　　　　　　　　　　　　)

◆ 人に話しかけるスキルに必要な視点をまとめましょう。

❶ ＿＿＿＿＿＿＿＿＿＿＿＿＿＿＿　　❷ ＿＿＿＿＿＿＿＿＿＿＿＿＿＿＿

❸ ＿＿＿＿＿＿＿＿＿＿＿＿＿＿＿　　❹ ＿＿＿＿＿＿＿＿＿＿＿＿＿＿＿

◆ 人に話しかけるスキルに必要な基本スキルを考え、上のスキルマップを塗りましょう。

ワーク2　人に話しかけるスキルに必要な視点で考えよう

◆ 下のイラストやモデリングを見て、上記の4つの視点にそって気がついた点を書き出してみましょう。

＜場面＞部活動の顧問の先生が先輩と話している。そこにAくんが土曜日の練習試合の集合場所を聞きにきた。

❶ [　　　　　　]　❷ [　　　　　　]

❸ [　　　　　　]　❹ [　　　　　　]

ワーク3　人に話しかけるスキルの練習をしよう

◆ 下記の場面で、BくんはCくんにどのように話しかけたらよいと思いますか？

＜場面＞高校の入学後2日目。Bくんの出身校からこの学校に進学した人はいない。とても不安だ。学活の時間に自己紹介をしたら、隣の中学校から来たCくんがいた。明るくて優しそうだ。部活も同じになるかも。Cくんに話しかけてみよう。

[　　　　　　　　　　　　　　　　　　　　　　　　　　　　]

◆ ペアになり、交代で話しかけてみましょう。
　相手のよかったところや練習した感想を記入しましょう。

(　　　　　　　　　　　　　　　　　　　　　　　　　　　　)

今日の授業を振り返って

| | まったく
わからない
① | わからない
② | わかった
③ | よく
わかった
④ |

◆ 人に話しかけるスキルのポイントがわかりましたか？

◆ 今日学んだスキルを今後どんな場面で使おうと思いましたか？

(　　　　　　　　　　　　　　　　　　　　　　　　　　　　)

ワークシート 20

「頼みごとをする」スキル

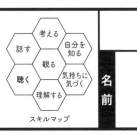

スキルマップ

年　組　番

名前

ワーク1　頼みごとをするスキルのポイントをおさえよう

◆ 人に頼みごとをするときは、どんなことに注意すればよいと思いますか？

(　　　　　　　　　　　　　　　　　　　　　　　　　　　　　　　)

◆ 頼みごとをするスキルのポイントをまとめましょう。

❶ ＿＿＿＿＿＿＿＿＿＿

❷ ＿＿＿＿＿＿＿＿＿＿

❸ ＿＿＿＿＿＿＿＿＿＿

❹ ＿＿＿＿＿＿＿＿＿＿

❺ ＿＿＿＿＿＿＿＿＿＿

❻ ＿＿＿＿＿＿＿＿＿＿

◆ 頼みごとをするスキルに必要な基本スキルを考え、上のスキルマップを塗りましょう。

ワーク2　頼みごとをするときの言葉や態度に注目しよう

◆ 下のイラストやモデリングを見て、気がついた点を書き出してみましょう

(　　　　　　　　　　　　　　　　　　　　　　　　　　　　　　　)

(　　)

ワーク3　頼みごとをするスキルの練習をしよう

◆ 下記の場面で、どのように頼みごとをしたらよいと思いますか？

＜場面1＞来週の遠足に備えて、実行委員が放課後しおりを作成している。かなりの量があり、明日までに終わりそうにない。そこに同じクラスのBくんとCさんが通りかかった。手伝ってもらいたい。

(　　)

＜場面2＞進級して新しいクラス。下校のとき、同じ組のDさんが何人かと一緒にいる。帰り道が同じなので、仲間に入れてもらいたい。

(　　)

◆ ペアになり、交代でスキルの練習をしましょう。
　相手のよかったところや練習した感想を記入しましょう。

(　　)

今日の授業を振り返って

	まったく わからない	わからない	わかった	よく わかった
◆ 頼みごとをするスキルのポイントがわかりましたか？	①	②	③	④

◆ 今日学んだスキルを今後どんな場面で使おうと思いましたか？

(　　)

ワークシート 21 「他者をほめる」スキル

→ P.140-141

年　組　番　名前

スキルマップ：考える／自分を知る／話す／観る／気持ちに気づく／聴く／理解する

ワーク1　他者をほめるスキルのポイントをおさえよう

◆ 人からほめられて、うれしかった経験を記入しましょう。

(　　　　　　　　　　　　　　　　　　　　　　　　　　　)

◆ 他者をほめるスキルのポイントをまとめましょう。

[　　　　] = (　　　　　　　　　　　)

[　　　　] = (　　　　　　　　　　　)

◆ 他者をほめるスキルに必要な基本スキルを考え、上のスキルマップを塗りましょう。

ワーク2　ほめる言葉や態度の違いに注目しよう

◆ 下のイラストやモデリングを見て、Bさんはどのように感じたと思いますか？
気がついたことを書き出してみましょう

A
Aさん:「いつもえらいよね〜。」
Bさん:（ほめてるの？イヤミかな？）

[　　　　　　　　　　　　　　　　]

ワーク3　他者を理解し、認めよう

◆ 下記の場面では、どのように友だちをほめますか？

＜場面１＞部活動が終わったときの片づけと掃除を文句も言わずに誰よりも率先して行う友だち。

(　　　　　　　　　　　　　　　　　　　　　　　　　　　　　　　　　　　)

＜場面２＞家族に頼まれて日用品の買い出しなど、家の手伝いをしている友だち。

(　　　　　　　　　　　　　　　　　　　　　　　　　　　　　　　　　　　)

◆ ペアになり、交代でほめるスキルの練習をしましょう。
　 相手のよかったところや感想を記入しましょう。

(　　　　　　　　　　　　　　　　　　　　　　　　　　　　　　　　　　　)

今日の授業を振り返って

| | まったく わからない ① | わからない ② | わかった ③ | よく わかった ④ |

◆ 他者をほめるスキルのポイントが
　 わかりましたか？

◆ 今日学んだスキルを今後どんな場面で使おうと思いましたか？

(　　　　　　　　　　　　　　　　　　　　　　　　　　　　　　　　　　　)

ワークシート 22 → P.144-145

「感謝する」スキル

スキルマップ: 考える／自分を知る／話す／観る／気持ちに気づく／聴く／理解する

年　組　番　名前

ワーク1　感謝するスキルのポイントをおさえよう

◆ あなたを助けてくれたり、支えてくれている人は誰ですか？　それはどのようなことですか？

(　　　　　　　　　　　　　　　　　　　　　　　　　　　　　　　　　　　　)

◆「人を傷つけずに自分の意見を伝える」スキルのポイントを記入しましょう。

(　　　　　　　　　　　) と振り返る。

(　　　　　　　　　　　) と想像する。

(　　　　　　　　　　　) を知る。

◆ 感謝するスキルに必要な基本スキルを考え、上のスキルマップを塗りましょう。

ワーク2　感謝するところを見つけよう

◆ 先生のモデリングを見てどのように感じましたか?
スキルのポイントと照らし合わせて、気がついたことを書き出してみましょう。

[　　　　　　　　　　　　　　　　　　　　　　　　　　　　　　　　　]

ワーク3　感謝するスキルの練習をしよう

◆ 下記の例を参考に、感謝する人を決め、どのように感謝の気持ちを伝えるかを記入しましょう。
＜例＞・友だち・先輩・先生・保護者・きょうだい・お世話になっている人などに感謝する。

(誰に　　　　　　　　　　　　　　　　　　　　　　　　　　　　　　　)

(どのように　　　　　　　　　　　　　　　　　　　　　　　　　　　　)

(誰に　　　　　　　　　　　　　　　　　　　　　　　　　　　　　　　)

(どのように　　　　　　　　　　　　　　　　　　　　　　　　　　　　)

◆ グループになり、スキルの練習をしましょう。
グループの人のよかったところや練習した感想を記入しましょう。

(　　　　　　　　　　　　　　　　　　　　　　　　　　　　　　　　　)

今日の授業を振り返って

	まったくわからない	わからない	わかった	よくわかった
	①	②	③	④

◆ 感謝するスキルのポイントがわかりましたか?

◆ 今日学んだスキルを今後どんな場面で使おうと思いましたか?

(　　　　　　　　　　　　　　　　　　　　　　　　　　　　　　　　　)

ワークシート 23 「SNSで上手にコミュニケーションする」スキル

→ P.148-149

年　組　番
名前

ワーク1　SNSでコミュニケーションするときのポイントをおさえよう

◆ SNSで行き違いになったことやトラブルになったことはありますか？

(　　　　　　　　　　　　　　　　　　　　　　　　　　　　　　　　)

◆ スキルにかかわる要素をまとめましょう。

◆ SNSで上手にコミュニケーションするスキルに必要な基本スキルを考え、上のスキルマップを塗りましょう。

ワーク2　感じ方の違いに気づこう

◆ 下のクイズであなたがイメージする答えを記入しましょう。

❶ 修学旅行で行きたいと思う場所は？
❷ 学校給食で人気のメニューといえば？
❸ 「おはようございます」は何時まで使える？
❹ クラスメイトと友だちの違いは？友だちと親友の違いは？
❺ 「やさしい」人の特徴は？

◆ なぜ、ほかの人と回答の違いが生じるのかを考え、気がついた点を記入しましょう。

ワーク3　SNSと対面でのコミュニケーションの練習をしよう

◆ 下記の言葉の中から、SNSで書かれたらいやだと思う言葉を順位をつけて選び、その理由を記入しましょう。

❶ (　　　　　　　　) (理由　　　　　　　　　　　　　　　　　　　　)

❷ (　　　　　　　　) (理由　　　　　　　　　　　　　　　　　　　　)

❸ (　　　　　　　　) (理由　　　　　　　　　　　　　　　　　　　　)

　　　・おもしろいね　・まじめだね　・元気がいいね
　　　・個性的だね　　・すごいね　　・正直だね

◆ ペアになり、実際にその言葉を言う場面の練習をします。
　文字だけの場合との違いなど、気がついた点を記入しましょう。
(　　　　　　　　　　　　　　　　　　　　　　　　　　　　　　)

◆ ペアのよかったところや練習した感想を記入しましょう。
(　　　　　　　　　　　　　　　　　　　　　　　　　　　　　　)

今日の授業を振り返って

	まったく わからない	わからない	わかった	よく わかった
	①	②	③	④

◆ SNSで上手にコミュニケーションするスキルのポイントがわかりましたか？

◆ 今日学んだスキルを今後どのように使おうと思いましたか？
(　　　　　　　　　　　　　　　　　　　　　　　　　　　　　　)

ワークシート24 「自分の気持ちを深く知る」スキル

→ P.154-155

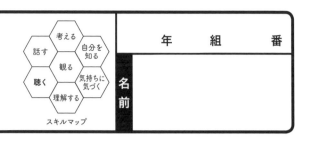

年　組　番
名前

ワーク1　自分の気持ちを深く知るスキルのポイントをおさえよう

◆ 気持ちに気づくスキルのポイントを復習しましょう。

（　　　　　　　　　）を使って気づく。

（　　　　　　　　　）を使って気づく。

◆ 自分の気持ちを深く知るスキルのポイントをまとめましょう。

（　　　　　　　　　）を知る。

（　　　　　　　　　）を受け止める。

◆ 自分の気持ちを深く知るスキルに必要な基本スキルを考え、上のスキルマップを塗りましょう。

ワーク2　気持ちの変化や複雑な感情を捉えよう

◆ 下のイラストやモデリングを見て、あなたがAくんだったらどんな気持ちになりますか？それぞれの場面で書き出してみましょう。

1 [　　　]　　2 [　　　]

3 [　　　]　　4 [　　　]

ワーク3　複雑な感情を受け止め、自分の気持ちを深く知ろう

◆ 気持ちをあらわす言葉の中からひとつ選び、時間や状況によって感じ方がかわった経験を記入しましょう。

(　　　)

◆ ペアになり、上記の場面で感じた入り交じった感情をどのように受け止めたらよいかを話し合い、記入しましょう。

(　　　)

◆ ペアの相手のよかったところやスキルを練習した感想を記入しましょう。

(　　　)

今日の授業を振り返って

　　　　　　　　　　　　　　　まったく
　　　　　　　　　　　　　　　わからない　わからない　わかった　よくわかった
　　　　　　　　　　　　　　　　①　　　　　②　　　　③　　　　④

◆ 自分の気持ちを深く知るスキルのポイントがわかりましたか?

◆ 今日学んだスキルを今後どんな場面で使おうと思いましたか?

(　　　)

ワークシート 25 → P.158-159

「怒りに振り回されない」スキル

スキルマップ: 考える／自分を知る／話す／観る／聴く／気持ちに気づく／理解する

年　組　番　名前

ワーク1　怒りに振り回されないスキルのポイントをおさえよう

◆「怒り」を引き起こすのは、どのような感情のときだと思いますか？　書き出してみましょう。

(　　　　　　　　　　　　　　　　　　)

◆「怒りに振り回されない」スキルのポイントをまとめましょう。

□	(　　　　　　　　　　　　　　　　)
□	(　　　　　　　　　　　　　　　　)
□	(　　　　　　　　　　　　　　　　)

◆ 怒りに振り回されないスキルに必要な基本スキルを考え、上のスキルマップを塗りましょう。

ワーク2　ストレスによる心や体の変化に気づこう

◆ 下のイラストやモデリングを見て、気がついた点を書き出してみましょう

＜場面＞合唱コンクールの練習。Aさんは学級の合唱委員で練習を仕切っている。しかし、練習が始まっても、男子が全然声をだして歌わない。

ワーク3　怒りに振り回されないスキルの練習をしよう

◆ 下記の場面で、Bくんはどのような感情がわくと思いますか？

＜場面＞体育祭の学年種目の朝練。みんな一生懸命練習しているが、男子の一部の生徒が遅刻してくる。体育委員のBくんは、毎回彼らに注意していた。しかし、今日はついに練習に来なかった。「どうして来なかったんだ！」とBくんが聞くと、「別に」と反省した様子も見られない……。

(　　　　　　　　　　　　　　　　　　　　　　　　)

◆ 怒りに振り回されないために、Bくんはどんな行動をとり、彼らにどのように伝えればよいと思いますか？

(　　　　　　　　　　　　　　　　　　　　　　　　)

◆ グループでスキルの練習をし、相手のよかったところや感想を記入しましょう。

(　　　　　　　　　　　　　　　　　　　　　　　　)

今日の授業を振り返って

| | まったくわからない ① | わからない ② | わかった ③ | よくわかった ④ |

◆ 怒りに振り回されないスキルのポイントがわかりましたか？

◆ 今日学んだスキルを今後どんな場面で使おうと思いましたか？

(　　　　　　　　　　　　　　　　　　　　　　　　)

→ P.162-163

「気持ちを言葉にして伝える」スキル

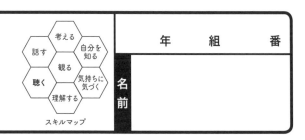

年　組　番

名前

ワーク1　気持ちを言葉にして伝えるスキルのポイントをおさえよう

◆ 複雑な気持ちのとき、それを言葉にして心がラクになった経験はありますか？

(　　　　　　　　　　　　　　　　　　　　　　　　　　　　　　　　　　)

◆「気持ちを言葉にして伝える」ときのポイントをまとめましょう。

[　　　] = (　　　　　　　　　　　　　　　　　　　　　)

[　　　] = (　　　　　　　　　　　　　　　　　　　　　)

◆ 気持ちを言葉にして伝えるスキルに必要な基本スキルを考え、上のスキルマップを塗りましょう。

ワーク2　気持ちの変化に注目しよう

◆ 下のイラストやモデリングを見て、AさんとBさんの気持ちや、気持ちの変化など、気がついた点を書き出しましょう。

＜場面＞小さいころからダンスが好きで習っているAさん。最近同じダンスクラブに入った子は中学生からダンスを始めたのにセンスがいい。自分には才能がないのかもと悩む。やめたほうがよいのかと思う半面、好きなことなので続けたいとも思っている。

(　　　　　　　　　　　　　　　　　　　　　　　　　　　　　　　　　　)

( )

ワーク3　スキルの練習をしよう

◆ 下記の場面で、どのように気持ちを言葉にするかを考えて記入しましょう。

＜場面1＞仲よし3人組。そのうちの2人が自分よりも仲よくなっているような感じがして疎外感を感じている。何かあったわけではないけれど、どうしていいのかわからない。

( )

＜場面2＞卒業後の進路について、何をしたいのかはっきりしていないが、興味のあることはいくつかある。親はあまり話を聞いてくれず、公立高校への進学をすすめてくる。

( )

◆ ペアでスキルの練習をし、相手のよかったところや感想を記入しましょう。

( )

今日の授業を振り返って

	まったく わからない ①	わからない ②	わかった ③	よく わかった ④

◆ 気持ちを言葉にして伝えるスキルのポイントがわかりましたか？

◆ 今日学んだスキルを今後どんな場面で使おうと思いましたか？

( )

ワークシート 27 「ストレスとうまくつき合う」スキル

→ P.166-167

スキルマップ: 考える／話す／自分を知る／観る／聴く／気持ちに気づく／理解する

年　組　番　名前

ワーク1　ストレスの原因や対処方法を見つけよう

◆ あなたがストレスを感じるのはどんなときですか？

(　　　　　　　　　　　　　　　　　　　　　　　　　　　　　)

◆ ストレスの原因（ストレッサー）や対処方法についてまとめましょう。

ストレスの原因には

(　　　　　)(　　　　　　　)(　　　　　　　　) がある。

ストレスに対処するには、

❶ 自分のストレスに (　　　　　　)。

❷ 解消するための (　　　　　　) を取る。

◆ ストレスとうまくつき合うスキルに必要な基本スキルを考え、上のスキルマップを塗りましょう。

ワーク2　ストレスによる心や体の変化に気づこう

◆ 下のイラストやモデリングを見て、心や体の変化など気がついた点を書き出してみましょう。

期末テストの点数が……。今回は勉強したのに。

[　　　　　　　　　　　　　　　　　　]

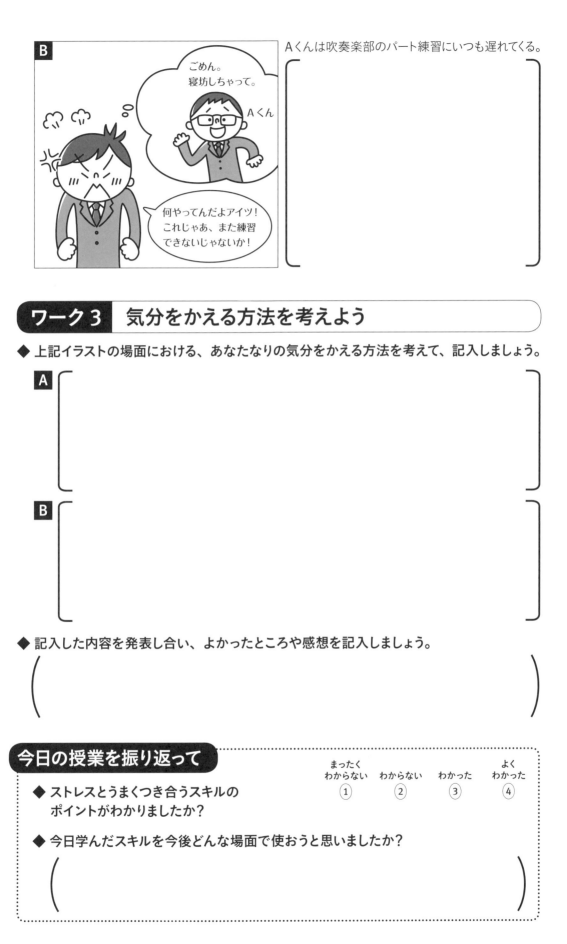

Aくんは吹奏楽部のパート練習にいつも遅れてくる。

B
ごめん。寝坊しちゃって。
Aくん
何やってんだよアイツ！これじゃあ、また練習できないじゃないか！

ワーク3　気分をかえる方法を考えよう

◆ 上記イラストの場面における、あなたなりの気分をかえる方法を考えて、記入しましょう。

A [ ]

B [ ]

◆ 記入した内容を発表し合い、よかったところや感想を記入しましょう。

( )

今日の授業を振り返って

	まったくわからない ①	わからない ②	わかった ③	よくわかった ④

◆ ストレスとうまくつき合うスキルのポイントがわかりましたか？

◆ 今日学んだスキルを今後どんな場面で使おうと思いましたか？

( )

<**自己採点しよう！**> 「　　　　」**スキル 振り返りシート**

　　　　　　　　　　　　　　　　　　　年　　　組　名前 _____

◆ 授業のルールは守れましたか？

❶ 自分と同じように人を大切にする
- まったくできなかった ①
- できなかった ②
- できた ③
- よくできた ④

❷ 話し合いを大切にする
- まったくできなかった ①
- できなかった ②
- できた ③
- よくできた ④

❸ 素直に振る舞う
- まったくできなかった ①
- できなかった ②
- できた ③
- よくできた ④

❹ 全員で協力する
- まったくできなかった ①
- できなかった ②
- できた ③
- よくできた ④

❺ 積極的に練習する
- まったくできなかった ①
- できなかった ②
- できた ③
- よくできた ④

◆ スキルのポイントがわかりましたか？
- まったくわからない ①
- わからない ②
- わかった ③
- よくわかった ④

◆ スキルの練習では、どのようなところを意識しましたか？
（　　　　　　　　　　　　　　　　　　　　　　　　　　　　）

◆ ペアの相手のよかったところや、相手からほめられたことは何でしたか？
（　　　　　　　　　　　　　　　　　　　　　　　　　　　　）

◆ このスキルのよいところはどんなところだと思いますか？
（　　　　　　　　　　　　　　　　　　　　　　　　　　　　）

◆ 今後、どのような場面でこのスキルを使ってみようと思いますか？
（　　　　　　　　　　　　　　　　　　　　　　　　　　　　）